Wortschatz einfach praktisch Arabisch

Die wichtigsten Wörter und Wendungen

Ali Almakhlafi

Hueber Verlag

3. 2. 1. | Die letzten Ziffern
2014 13 12 11 10 | bezeichnen Zahl und Jahr des Druckes.
Alle Drucke dieser Auflage können, da unverändert,
nebeneinander benutzt werden.
1. Auflage

Verlagsredaktion: Heike Birner, Hueber Verlag, Ismaning
Umschlaggestaltung: Parzhuber & Partner, München
Umschlaggestaltung Abbildung: wentzlaff | pfaff | güldenpfennig kommunikation
GmbH, München
Umschlagfotos: Frau: © getty images/Stockbyte;
Kanne: © iStockphoto/ Tarek El Sombati
Zeichnungen: Bettina Kumpe, Braunschweig
Layout: Sarah-Vanessa Schäfer, Hueber Verlag, Ismaning
Satz: Memminger MedienCentrum AG, Memmingen
Druck und Bindung: Ludwig Auer GmbH, Donauwörth
Printed in Germany
ISBN 978–3–19–409614–1

Einführung

Der „Wortschatz einfach praktisch Arabisch" hilft Ihnen, sich schnell und mühelos die wichtigsten arabischen Wörter und Redewendungen anzueignen. Die 12 thematisch gegliederten Kapitel enthalten circa 1.000 Wörter sowie zusätzlich circa 400 gängige Redewendungen. Ob Sie alleine oder im Kurs lernen, ob Sie einen kurzen Aufenthalt in einem arabischsprachigen Land planen, sich auf bestimmte Themen oder Situationen gezielt vorbereiten oder systematisch einen Basiswortschatz aufbauen möchten – durch seine klare, thematische Anordnung und Aktualität ist der „Wortschatz einfach praktisch" das ideale Mittel.

Wie verwende ich den Wortschatz einfach praktisch?

1. Die 12 thematisch gegliederten Hauptkapitel ermöglichen es Ihnen, sich die wichtigsten Wörter eines Sachgebiets rasch zu erschließen. Alle Wortlisten sind ergänzt durch einfache, aktuelle Beispielsätze.
2. Die farbig hervorgehobenen Informationsfelder erklären wichtige sprachliche und landeskundliche Zusammenhänge.
3. Mit den Kurztests nach jedem Kapitel können Sie auf unterhaltsame Weise Ihren Lernfortschritt überprüfen bzw. das Gelernte festigen. Die Lösungen zu den Tests finden Sie im Anhang dieses Buches.
4. Im Internet unter **www.hueber.de/audioservice** können alle Wörter und Redewendungen zum Anhören heruntergeladen werden.

Wie präge ich mir neue Wörter ein?

→ Sehr hilfreich ist es, die Wörter laut zu sprechen. Nutzen Sie dabei die Umschrift unter den arabischen Schriftzeichen sowie die Hinweise zur Aussprache auf der hinteren Umschlaginnenseite.

→ Decken Sie in den Wortlisten jeweils eine Spalte ab – Arabisch oder Deutsch – und übersetzen Sie die Wörter. Kontrollieren Sie sich anschließend. Ändern Sie die Reihenfolge, in der Sie die Wörter lernen.

→ Üben Sie 8–10 neue Einheiten pro Tag. Wiederholen Sie regelmäßig die an den Tagen zuvor gelernten Wörter.

→ Ihr Lernerfolg wird größer, wenn Sie regelmäßig jeden Tag circa 15 Minuten intensiv lernen, als einmal in der Woche eine Stunde.

→ Verwenden Sie Karteikarten und tragen Sie sie bei sich. Schreiben Sie auf eine Seite das deutsche Wort, auf die andere Seite die arabische Übersetzung, möglichst mit einem Beispielsatz.

Inhaltsverzeichnis

Informationen für die Benutzung		Umschlag
Einführung		3
Vorbemerkungen		8
1 Familie und soziales Leben	**العائلة والحياة الاجتماعية**	11
Familienmitglieder	أعضاء الأسرة	11
Bekanntschaften	التعارف	14
Beschreibung von Personen	وصف الناس	17
Verabredungen und Flirten	المواعدة والغزل	19
Uhrzeit	الوقت	20
Wochentage	أيام الأسبوع	21
Monatsnamen	أسماء الأشهر	22
Jahreszeiten	فصول السنة	23
Test 1		24
2 Wohnen	**السكن**	26
Allgemeine Wendungen rund ums Wohnen	تعبيرات عامة عن السكن	26
Wohnräume und häusliche Tätigkeiten	أنواع الغرف وأعمال البيت	28
Möbel und Einrichtungsgegenstände	الأثاث والمفروشات	31
Haushaltsgeräte	أجهزة البيت	33
Test 2		35
3 Kleidung	**الملابس**	37
Kleidungsstücke	قطع الملابس	37
Redewendungen	تعبيرات	39
Farbe, Muster und Material	الألوان والأشكال والمواد	40

Schmuck	المـــجوهرات	41
Test 3		43
4 Einkaufen	**التسوق**	45
Redewendungen	تعبيـــرات	45
Zahlen, Mengen und Verpackung	الأعداد والكـــميات والـــمعـــلبات	47
Geschäfte und Waren	الـــمحلات والبضائع	50
Auf dem Markt	فـــي السوق	50
In der Bäckerei	فـــي الـــمخبـــز	51
In der Metzgerei	عند الـــجزار	52
Im Fischladen	فـــي مـــحل السمك	52
Im Blumenladen	فـــي مـــحل الزهور	53
Im Getränkemarkt	فـــي مـــحل الـــمشروبات	53
In der Apotheke	فـــي الصيدلية	54
Im Supermarkt	فـــي السوبر ماركيت	55
Test 4		57
5 Schule und Beruf	**الدراسة والشغل**	60
Schule	الدراسة	60
Beruf	الشغل	61
Test 5		66
6 Kommunikation	**التواصل**	68
Medien	وسائل الإعلام	68
E-Mail-Zeichen	رموز البـــريد الإلكتروني	70
Computer	الـــحاسوب	71
Redewendungen	تعبيـــرات	72
Test 6		76

7 Freizeit	**وقت الفراغ**	78
Ferien / Urlaub	العطلة \ الإجازة	78
Freizeitgestaltung	التخطيط لوقت الفراغ	78
Feste	أعياد	81
Gute Wünsche	أطيب المنى	83
Test 7		84
8 Restaurant	**المطعم**	86
Redewendungen	تعبيرات	86
Mahlzeiten	وجبات الطعام	87
Gerichte	طبخات وأكلات	88
Getränke	المشروبات	92
Gedeckter Tisch	المائدة	93
Test 8		95
9 Hotel	**الفندق**	97
Arten von Unterkünften	أنواع المساكن	97
Redewendungen	تعبيرات	97
Beanstandungen	التذمر	100
Test 9		101
10 Reise und Verkehr	**السفر والمواصلات**	103
Verkehrsmittel	وسائل المواصلات	103
Mit dem Zug reisen	السفر بالقطار	104
Mit dem Flugzeug reisen	السفر بالطيارة	105
Mit dem Auto reisen	السفر بالسيارة	107
An der Tankstelle	في محطة البنزين	109

Öffentlicher Nahverkehr	المواصلات العامة المحلية	110
Test 10		113
11 Gesundheit	**الصحة**	115
Körperteile und Organe	أجزاء وأعضاء الجسم	115
Redewendungen	تعبيرات	117
Test 11		120
12 Natur und Umwelt	**الطبيعة والبيئة**	122
Pflanzen	النبات	122
Tiere	الحيوانات	122
Landschaftsformen	المناظر الطبيعية	124
Wetter und Klima	الطقس والمناخ	125
Test 12		128
Lösungen zu den Tests		129
Schrift und Aussprache		Umschlag

Vorbemerkungen

Verben

Von jedem arabischen Verb gibt es drei wichtige Ableitungen:

šarib	er hat getrunken	= Grundform in der Vergangenheit bzw. Perfekt
yašrab	er trinkt	= Grundform in der Gegenwart bzw. Imperfekt
'a-š-šurb	das Trinken	= Verbalnomen

Nach diesem Muster werden die Verben in diesem Buch aufgeführt.
Beispiel:

trinken	شَرِب، يَشْرَب، الشُّرْب *šarib, yašrab, 'a-š-šurb*

wobei: *šarib* = شَرِب , *yašrab* = يَشْرَب , *'a-š-šurb* = الشُّرْب

Aussprache der Lang- und Kurzvokale

Im Arabischen gibt es drei Kurzvokale: *u*, *a* und *i*, und drei Langvokale: *ū*, *ā* und *ī*. In der Umgangssprache können die Kurzvokale *u*, *a*, *i* als *o*, *ä*, *e* ausgesprochen werden, analog können die Langvokale *ū*, *ā*, *ī* zu *ō*, *ää*, *ē* werden.

In diesem Buch werden nur die Standardvokale (*u*, *a*, *i* und *ū*, *ā*, *ī*) berücksichtigt. In den Audio-Dateien hören Sie ab und zu auch *o*, *ä*, *e* oder *ō*, *ää*, *ē* – so entspricht es der arabischen Umgangssprache.

Pronomen (Fürwörter)

ka ist im Hocharabischen ein Fürwort und bedeutet „dein", „dich" und „dir". Es wird häufig mittels eines Verbindungsvokals z.B. an ein Nomen oder ein Verb angehängt:

qalmuka dein Stift; *'afhamuka* ich verstehe dich; *'usā*ᶜ*iduka* ich helfe dir.

In diesen Fällen dient das *u* als Verbindungsvokal.

Weitere arabische Fürwörter sind:

ī	*ka*	*ki*	*hu*	*hā*	*nā*	*kum*	*hum*
mein	dein	dein (f.)	sein	ihr	unser	euer	ihr
mich	dich	dich (f.)	ihn	sie	uns	euch	sie
mir	dir	dir (f.)	ihm	ihr	uns	euch	ihnen

Das Pronomen *ī* benötigt keinen Verbindungsvokal: *qalamī* mein Stift; *^{c}indī* bei mir / ich habe. Bei Verben wird *ī* durch *nī* ersetzt: *yafhamunī* er versteht mich; *yusā^{c}idunī* er hilft mir.

Kurze Verbindungsvokale

Durch kurze Verbindungsvokale werden im Hocharabischen oft Nomen, Verben und Präpositionen mit Pronomen verbunden. Diese Verbindungsvokale können *u, a* oder *i* sein:
qalam Stift; *qalamuka* dein Stift; *qalamaka* deinen Stift;
qalamika deinem Stift / deines Stiftes; *yafhamuka* er versteht dich;
yurīd 'an yafhamaka er will dich verstehen; *^{c}indaka* bei dir / du hast.
Keine Verbindungsvokale gibt es im Hocharabischen zum Beispiel bei:
baytī mein Zuhause; *'ifhamnī!* verstehe mich!; *lam yafhamka* er hat dich nicht verstanden; *^{c}indī* bei mir / ich habe, *lam yusā^{c}idnī* er hat mir nicht geholfen.

Zur Aussprache der Fürworter *ka* (dein, dich, dir), *hu* (sein, ihn, ihm) und *hum* (sie, ihr, ihnen)

Für die Aussprache im Hocharabischen gilt:

- Nach einem *ī, i,* oder *ay* werden *hu* und *hum* als *hi* und *him* ausgesprochen: *fīhi* in ihm; *qalamihi* seinem Stift / seines Stiftes; *'ilayhim* zu ihnen, an sie (pl.).
- *ka* kann man einfach wie *k* aussprechen, also: *qalamuka, qalamaka, qalamika* werden zu *qalamuk, qalamak, qalamik*; ebenso für *hu* bzw. *hi*, also *qalamuhu = qalamuh; fīhi = fīh; 'ilayhi = 'ilayh* zu ihm, an ihn.

Umgangssprache: Ausprache ohne Verbindungsvokale

Verbindungsvokale sind wichtig um z.B. Nachrichten und Reportagen im Fernsehen zu verstehen. Sie werden daher in diesem Buch berücksichtigt. In der Umgangssprache (wie auch an Universitäten und bei offiziellen Konferenzen) muss man die Verbindungsvokale *u, a, i* nicht unbedingt aussprechen, zumal die Araber im Alltag dazu tendieren, diese Verbindungsvokale nicht auszusprechen. Generell gilt die Regel: *ka, ki* und *hu* werden in der Umgangssprache zu *ak, ik* und *uh*.

Langvokale als Verbindungsvokale

Bei *aḫ* Bruder und *'ab* Vater sind die Verbindungsvokale lang: *'abūka = 'abūk* dein Vater; *'aḫūka = 'aḫūk* dein Bruder; bei *ī* „mein" gilt auch die Regel, dass es hier keinen Verbindungsvokal gibt: *'aḫī* mein Bruder; *abī* mein Vater.

Wenn es um einen langen Verbindungsvokal geht, werden in der Umgangssprache auch die Formen des Hocharabischen verwendet: *'abūk(a); 'abūki; 'abūh(u); 'abūhā; 'abūnā; 'abūkum; 'abūhum.*

Verbindungsvokale zwischen zwei Wörtern

– Verbindungsvokale + *'al*

'al ist der bestimmte Artikel im Arabischen: *miftāḥ 'al-ġurfah* (wörtlich: „Schlüssel des Zimmers") heißt in der Umgangssprache: „der/den/dem/des Zimmerschlüssel(s)".

Im Hocharabischen wird das *'a* des Artikels durch einen Verbindungsvokal ersetzt: *miftāḥu l-ġurfah* der Zimmerschlüssel; *miftāḥa l-ġurfah* den Zimmerschlüssel; *miftāḥi l-ġurfah* dem Zimmerschlüssel / des Zimmerschlüssels. Will man beim Lesen oder beim Reden auf dem Schluss des Wortes *miftāḫ* stoppen, besteht kein Grund den Verbindungsvokal *u, a* oder *i* auszusprechen: *miftāḫ* [Stopp] *'al-ġurfah.*

Endet das erste Wort auf einen Langvokal, wird es im Hocharabischen in der Aussprache ebenfalls mit dem zweiten verbunden und das *'a* des bestimmten Artikels fällt weg: *fī 'al-bayt = fī l-bayt* zu Hause.

– Verbindungsvokale + *'u, 'a* oder *'i*

Ähnliches gilt auch für einige Wörter (nicht für alle!), die mit *'u, 'a* oder *'i* beginnen, z.B. *'ism* Name: *mā* „was" und *'ismuka* „dein Vorname" werden im Hocharabischen zu *mā smuka?* „Wie heißt du?". In der Umgangssprache bleibt es dagegen bei *mā 'ismak?*.

Weitere Beispiele im Hocharabischen sind *'uktubū* „Lesen Sie (pl.)!" aber *'iqra'ū wa ktubū* „Lesen und schreiben Sie! (pl.)" (ugs.: *'iqra'ū wa 'uktubū*), ebenso *'ibn* Sohn, *'ibnah* Tochter, *'istirāḥah* Pause, *'iṯnayn* zwei, *'istaḫdam* er hat verwendet.

العائلة والــحياة الاجتماعية
Familie und soziales Leben

أعضاء الأسرة
Familienmitglieder

Familie	عَائِلَة (ج عَائِلات) *ʿā'ilah* (pl. *ʿā'ilāt*)
Mutter	أُمّ (ج أُمَّهَات) *'umm* (pl. *'ummahāt*)
Vater	أَب (ج آبَاء) *'ab* (pl. *'ābā'*)
Eltern	أَب وَأُمّ *'ab wa 'umm*
Sohn	اِبْن (ج أَبْنَاء) *'ibn* (pl. *'abnā'*)
Tochter	اِبْنَة (ج بَنَات) *'ibnah* (pl. *banāt*)
Kind	طِفْل (ج أَطْفَال) – طِفْلَة (ج طِفْلات) *ṭifl* (m.) (pl. *'aṭfāl*) – *ṭiflah* (f.) (pl. *ṭiflāt*)
Kinder	أَوْلاد *'awlād*
Junge	وَلَد (ج أَوْلاد) *walad* (pl. *'awlād*)
junger Mann	شَابّ (ج شَبَاب) *šābb* (pl. *šabāb*)
Mädchen	بِنْت ج بَنَات *bint* (pl. *banāt*)
Bruder	أَخ (ج إِخْوَة) *'aẖ* (pl. *'iẖwah*)

mein jüngerer Bruder	أَخِي الأَصْغَر *'aẖī l-'aṣġar*
Schwester	أُخْت (ج أَخَوَات) *'uẖt* (pl. *'aẖawāt*)
meine ältere Schwester	أُخْتِي الأَكْبَر *'uẖtī l-'akbar*

Geschwister	إِخْوَة وَأَخَوَات *'iẖwah wa 'aẖawāt*
Großvater	جَدّ (ج أَجْدَاد) *ǧadd* (pl. *'aǧdād*)
Großmutter	جَدَّة (ج جَدَّات) *ǧaddah* (pl. *ǧaddāt*)
Großeltern	جَدّ وَجَدَّة (ج أَجْدَاد وَجَدَّات) *ǧadd wa ǧaddah* (pl. *'aǧdād wa ǧaddāt*)
Enkel	حَفِيد (ج أَحْفَاد) *ḥafīd* (pl. *'aḥfād*)
Enkelin	حَفِيدَة (ج حَفِيدَات) *ḥafīdah* (pl. *ḥafīdāt*)
Onkel	عَمّ (ج أَعْمَام) *ʿamm* (pl. *'aʿmām*) (väterlicherseits) خَال (ج أَخْوَال) *ẖāl* (pl. *'aẖwāl*) (mütterlicherseits)

Tante	عَمَّة (ج عَمَّات) *ʿammah* (pl. *ʿammāt*) (väterlicherseits) خَالَة (ج خَالات) *ẖālah* (pl. *ẖālāt*) (mütterlicherseits)
Cousin	اِبْن عَمّ (ج أَبْنَاء عَمّ) *'ibn ʿamm* (pl. *'abnā' ʿamm*) (väterlicherseits) اِبْن خَال (ج أَبْنَاء خَال) *'ibn ẖāl* (pl. *'abnā' ẖāl*) (mütterlicherseits)
Cousine	بِنْت عَمّ (ج بَنَات عَمّ) *bint ʿamm* (pl. *banāt ʿamm*) (väterlicherseits) بِنْت خَال (ج بَنَات خَال) *bint ẖāl* (pl. *banāt ẖāl*) (mütterlicherseits)
Neffe	اِبْن أَخ (ج أَبْنَاء أَخ) *'ibn 'aẖ* (pl. *'abnā' 'aẖ*) („Sohn eines Bruders“) اِبْن أُخْت (ج أَبْنَاء أُخْت) *'ibn 'uẖt* (pl. *'abnā' 'uẖt*) („Sohn einer Schwester“)
Nichte	بِنْت أَخ (ج بَنَات أَخ) *bint 'aẖ* (pl. *banāt 'aẖ*) („Tochter eines Bruders“) بِنْت أُخْت (ج بَنَات أُخْت) *bint 'uẖt* (pl. *banāt 'uẖt*) („Tochter einer Schwester“)
Ehemann	زَوْج (ج أَزْوَاج) *zawǧ* (pl. *'azwāǧ*)
Ehefrau	زَوْجَة (ج زَوْجَات) *zawǧah* (pl. *zawǧāt*)
Ehepaar	زَوْج وَزَوْجَة (ج أَزْوَاج وَزَوْجَات) *zawǧ wa zawǧah* (pl. *'azwāǧ wa zawǧāt*)
Schwiegersohn	زَوْج اِبْنَة (ج أَزْوَاج بَنَات) *zawǧ 'ibnah* (pl. *'azwāǧ banāt*)
Schwiegertochter	زَوْجَة اِبْن (ج زَوْجَات أَبْنَاء) *zawǧat 'ibn* (pl. *zawǧāt 'abnā'*)

Schwiegervater	أَبُو زَوْج (ج آبَاء أَزْوَاج) *'abū zawǧ* (pl. *'ābā' 'azwāǧ*) („Vater eines Ehemannes“) أَبُو زَوْجَة (ج آبَاء زَوْجَات) *'abū zawǧah* (pl. *'ābā' zawǧāt*) („Vater einer Ehefrau“)
Schwiegermutter	أُمّ زَوْج (ج أُمَّهَات أَزْوَاج) *'umm zawǧ* (pl. *'ummahāt 'azwāǧ*) („Mutter eines Ehemannes“) أُمّ زَوْجَة (ج أُمَّهَات زَوْجَات) *'umm zawǧah* (pl. *'ummahāt zawǧāt*) („Mutter einer Ehefrau“)
Freund	صَدِيق (ج أَصْدِقَاء) *ṣadīq* (pl. *'aṣdiqā'*)
Freundin	صَدِيقَة (ج صَدِيقَات) *ṣadīqah* (pl. *ṣadīqāt*)
Bräutigam	عَرِيس (ج عِرْسَان) *ʿarīs* (pl. *ʿirsān*)
Braut	عَرُوس (ج عَرَائِس) *ʿarūs* (pl. *ʿarā'is*)

التعارف
Bekanntschaften

Hallo, wie geht's?	مَرْحَبَا، كَيْفَ الْحَال؟ *marḥabā, kayfa l-ḥāl?*
Hallo, es geht mir gut. (Antwort)	أَهْلاً، أَنَا بِخَـــيْر. *'ahlan, 'anā bi-ḫayr.*
Hallo	السَّلام عَلَيْكُم *'a-s-salām ʿalaykum*
Hallo (Antwort)	وَعَلَيْكُمُ السَّلام *wa ʿalaykumu s-salām*

Wie geht es dir/euch/Ihnen?	كَيْفَ حَالُكَ\حَالُكِ\حَالُكُم؟ كَيْفَ حالُكِ؟ *kayfa ḥāluka* (m.) / *ḥāluki* (f.) / *ḥālukum* (pl.)?

„Du" oder „Sie"?

Im Arabischen gibt es keine spezifische Höflichkeitsform, um sich an Personen zu wenden, mit denen man nicht vertraut ist. Es wird jedoch bei der Anrede zwischen der männlichen Form (m.) und der weiblichen Form (f.) unterschieden.

Freut mich, Sie kennenzulernen.	تَشَرَّفْنا *tašarrafnā*
Wie heißt du? / Wie heißen Sie?	مَا اِسْمُكَ\اِسْمُكِ؟ *mā smuka* (m.) / *smuki* (f.)?
Ich heiße …	اِسْمِي … *'ismī …*
Wo wohnst du? / Wo wohnen Sie? (*an eine Person gerichtet*)	أَيْنَ تَسْكُن\تَسْكُنِين؟ *'ayna taskun* (m.) / *taskunīn* (f.)?
Wo wohnt ihr? / Wo wohnen Sie? (*an mehrere Personen gerichtet*)	أَيْنَ تَسْكُنُون؟ *'ayna taskunūn*?
Ich wohne in …	أَسْكُن فِي … *'askun fī …*
Woher kommst du? / Woher kommen Sie? (*an eine Person gerichtet*)	مِن أَيْنَ أَنْتَ\أَنْتِ؟ *min 'ayna 'anta* (m.) / *'anti* (f.)?
Woher kommt ihr? / Woher kommen Sie? (*an mehrere Personen gerichtet*)	مِن أَيْنَ أَنْتُم؟ *min 'ayna 'antum*?
Ich bin aus …	أَنَا مِن … *'anā min …*
Wie alt bist du / sind Sie?	كَم عُمْرُكَ\عُمْرُكِ؟ *kam ᶜumruka* (m.) / *ᶜumruki* (f.)?
Ich bin 26 Jahre alt.	عُمْرِي سِتّ وعِشْرُون سَنَة. *ᶜumrī sitt wa ᶜišrūn sanah.*

Was machst du beruflich? / Was machen Sie beruflich? (*an eine Person gerichtet*)	مَاذَا تَشْتَغِلُ\تَشْتَغِلِين؟ *māḏā taštaġil* (m.) / *taštaġilīn* (f.)?
Was macht ihr beruflich? Was machen Sie beruflich? (*an mehrere Personen gerichtet*)	مَاذَا تَشْتَغِلُون؟ *māḏā taštaġilūn?*
Ich bin Sekretärin.	أَنَا سِكِرْتِيرَة. *'anā sekertērah.*
Und wo arbeitest du / arbeiten Sie?	وَأَيْنَ تَشْتَغِل؟ *wa 'ayna taštaġil* (m.)?
Ich arbeite in einem Büro.	أَنَا أَشْتَغِلُ فِي مَكْتَب. *'anā 'aštaġil fī maktab.*
Wann wurdest du / wurden Sie geboren?	مَتَى وُلِدْتَ\وُلِدْتِ؟ *matā wulidta* (m.) / *wulidti* (f.)?
Ich wurde am 2. Juli 1987 geboren.	وُلِدْتُ فِي الثَّانِي مِن يُولْيُو، *wulidtu fī ṯ-ṯānī min yūlyō* سَنَة أَلْف وَتِسْعِمِئَة وَسَبْع وَثَمَانِين. *sanat 'alf wa tis^cimi'ah wa sab^c wa ṯamānīn.*
Ich bin ledig.	أَنَا عَازِب\عَازِبَة. *'anā ^cāzib* (m.) / *^cāzibah* (f.).
verheiratet	مُتَزَوِّج (ج مُتَزَوِّجُون) *mutazawwiğ* (m.) (pl. *mutazawwiğūn*)

geschieden	مُتَطَلِّق (ج مُتَطَلِّقون) *mutaṭalliq* (m.) (pl. *mutaṭalliqūn*) مُطَلَّقة (ج مُطَلَّقات) *muṭallaqah* (f.) (pl. *muṭallāqāt*)
Sie ist geschieden.	هِيَ مُطَلَّقَة. *hiya muṭallaqah.*
Witwe – Witwer	أَرْمَلَة (ج أَرْمَلات) – أَرْمَل (ج أَرَامِل) *'armalah* (pl. *'armalāt*) – *'armal* (pl. *'arāmil*)
Hast du / Haben Sie Kinder?	(هَل) عِنْدَكَ\عِنْدَكِ أَوْلاد؟ *(hal) ᶜindaka* (m.) / *ᶜindaki* (f.) *'awlād?*

Fragen

Fragen, auf die man mit Ja oder Nein antwortet, werden im Hocharabischen durch das Fragewort *hal* eingeleitet. *hal* bleibt unübersetzt. Durch entsprechende Betonung kann man auch auf *hal* verzichten.
Das Verb „haben" wird mit dem Begriff *ᶜinda* „bei" ausgedrückt. „Du hast (m.)" heißt demnach *ᶜindaka*, wörtlich übersetzt: „bei dir (m.) [ist]".

وصف الناس
Beschreibung von Personen

hübsch	جَـمِـيلَة (ج جَمِـيـلات) *ǧamīlah* (f.) (pl. *ǧamīlāt*) (für Frauen) وَسِـيـم (ج وِسَـام) *wasīm* (pl. *wisām*) (für Männer)
hässlich	قَـبِـيـح (ج قِـبَـاح) *qabīḥ* (pl. *qibāḥ*)
schlank	نَحِيف (ج نِحَاف) *naḥīf* (pl. *niḥāf*)
dick	سَمِيـن (ج سِمَان) *samīn* (pl. *simān*)

groß	طَويل (ج طِوَال) *ṭawīl* (pl. *ṭiwāl*) (für Menschen und Tiere) كَبيـــر ج (ج كِبَار) *kabīr* (pl. *kibār*) (für Gegenstände)
klein	قَصيـــر (ج قِصَار) *qaṣīr* (pl. *qiṣār*) (für Menschen und Tiere) صَغيـــر (ج صِغَار) *ṣaġīr* (pl. *ṣiġār*) (für Gegenstände)
lebhaft	نَشِيط (ج نُشَطَاء) *našīṭ* (pl. *nušaṭā'*)
ruhig	هَادِئ (ج هَادِئُون) *hādi'* (pl. *hādi'ūn*)
interessant, wichtig	مُهِمّ (ج مُهِمُّون) *muhimm* (pl. *muhimmūn*)
langweilig	مُمِلّ (ج مُمِلُّون) *mumill* (pl. *mumillūn*)
alt	كَبيـــر (ج كِبَار) *kabīr* (pl. *kibār*) (für Menschen und Tiere) قَدِيـــم (ج قِدَام) *qadīm* (pl. *qidām*) (für Gegenstände)
jung	صَغيـــر (ج صِغَار) *ṣaġīr* (pl. *ṣiġār*)
Sie hat blaue Augen.	هي زَرْقَاءُ الْعَـيْـنَـيْن. *hiya zarqā'u l-ᶜaynayn* (Dual).
Er trägt einen Bart.	عِنْدَهُ لِحْيَة. *ᶜindahu liḥyah.*
Schnurrbart	شَنَب (ج شَوَارِب) *šanab* (pl. *šawārib*)
Ich trage eine Brille.	أَنَا لابِس\لابِسَة نَظَّارَة. *'anā lābis* (m.) / *lābisah* (f.) *naẓẓārah.*

Sie ist blond.	هِيَ شَقْرَاء. *hiya šaqrā'* (f.).
Er hat schwarze Haare.	شَعْرُهُ أَسْوَد. *šaʿruhu 'aswad* (m. sg.).
lange Haare	شَعْر طَوِيل *šaʿr* (m. sg.) *ṭawīl*
kurze Haare	شَعْر قَصِيـــر *šaʿr qaṣīr*
krause Haare	شَعْر مُجَعَّد *šaʿr muǧaʿʿad*
glatte Haare	شَعْر سَابِل *šaʿr sābil*

الــمــواعــدة والــغــزل
Verabredungen und Flirten

Hast du heute Abend Zeit?	(هَل) عِنْدَكَ\عِنْدَكِ وَقْت الْيَوْم في الْمَسَاء؟ *(hal) ʿindaka* (m.) / *ʿindaki* (f.) *waqt 'al-yawm fī l-masā'*?
Wir könnten heute Abend ins Kino gehen.	مُمْكِن أَنْ نَرُوح إِلــى السِّينِما الْيَوْم فِي الْـمَسَاء. *mumkin 'an narūḥ* (ugs.) *'ilā s-sinemā 'al-yawm fī l-masā'*.
Hast du Lust, tanzen zu gehen?	(هَل) تُحِبّ\تُحِبِّيــن أَنْ نَرُوح لِلرَّقْص؟ *(hal) tuḥibb* (m.) / *tuḥḥibbīn* (f.) *'an narūḥ li-r-raqṣ*?
Wollen wir einen Spaziergang machen?	مَا رَأْيُكَ\رَأْيُكِ/يَالله نَتَمَشَّى؟ *mā ra'yuka* (m.) / *ra'yuki* (f.) / *yallah* (ugs.) *natamaššā*?
Super Idee!	فِكْرَة مُمْتَازَة! *fikrah mumtāzah*!
Einverstanden!	مُوَافِق \ مُوَافِقَة *muwāfiq* (m.) / *muwāfiqah* (f.)

Um wie viel Uhr treffen wir uns?	في أيِّ سَاعَة سَنَلْتَقِي؟	*fī 'ayyi sāᶜah sa-naltaqī?*
Wo treffen wir uns?	أَيْنَ سَنَلْتَقِي؟	*'ayna sa-naltaqī?*
Um halb acht vor dem Kino?	السَّاعَة السَّابِعَة وَالنِّصْف أَمَامَ السِّينِمَا؟	*'a-s-sāᶜah s-sābiᶜah wa n-niṣf 'amāma s-sinemā?*
Nein, etwas später.	لا، فِيمَا بَعْد قليلاً.	*lā fī-mā baᶜd qalīlan.*
Heute Abend habe ich leider keine Zeit.	الْيَوْم فِي الْمَسَاء لِلأَسَف مَا عِنْدِي وَقْت.	*'al-yawm fī l-masā' li-l-'asaf mā ᶜindī waqt.*
Tut mir leid, ich gehe lieber ins Theater.	أَنَا آسِف، أُفَضِّل أَنْ أَرُوح إِلَى الْمَسْرَح.	*'anā 'āsif* (m. adj.). *'ufaḍḍil 'an 'arūḥ* (ugs.) *'ilā l-masraḥ.*
Ich tanze nicht gern.	لا أُحِبُّ الرَّقْص.	*lā 'uḥibbu r-raqṣ.*
Wie wär's mit morgen?	غَداً؟ مَا رأْيُكَ\رأْيُكِ؟	*ġadan* (m.)? *mā ra'yuka* (m.) / *ra'yuki* (f.)?
Morgen passt mir gut.	غَداً مُنَاسِب جِدّاً لِي.	*ġadan munāsib ǧiddan lī.*
Dein Arabisch ist ausgezeichnet.	لُغَتُكَ \ لُغَتُكِ الْعَرَبِيَّة مُمْتَازَة.	*luġatuka* (f.) / *luġatuki* (m.) *l-ᶜarabiyyah mumtāzah.*
Danke, das ist sehr nett von dir.	شُكْراً، هَذَا لُطْف كَثِير مِنْكَ\مِنْكِ.	*šukran, hāḏā luṭf kaṯīr minka* (m.) / *minki* (f.).

الوقت
Uhrzeit

Um wie viel Uhr …?	فِي أيِّ سَاعَة؟	*fī 'ayyi sāᶜah …?*
Um ein Uhr.	فِي السَّاعَة الْوَاحِدَة.	*fī s-sāᶜah l-wāḥidah.*

Um sieben Uhr.	فِي السَّاعَة السَّابِعَة. *fī s-sāᶜah s-sābiᶜah.*
Um Viertel nach drei.	فِي السَّاعَة الثَّالِثَة وَالرُّبْع. *fī s-sāᶜah ṯ-ṯāliṯah wa r-rubᶜ.*
Um halb sieben.	فِي السَّاعَة السَّادِسَة وَالنِّصْف. *fī s-sāᶜah s-sādisah wa n-niṣf.*
Um Viertel vor neun.	فِي السَّاعَة التَّاسِعَة إلاَّ الرُّبْع. *fī s-sāᶜah t-tāsiᶜah 'illā r-rubᶜ.*
eine halbe Stunde früher	نِصْف سَاعَة قَبْل *niṣf sāᶜah qabl*
eine halbe Stunde später	نِصْف سَاعَة بَعْد *niṣf sāᶜah baᶜd*

أيام الأسبوع
Wochentage

am Montag	فِي يَوْم الإثْنَيْن *fī yawmi l-'iṯnayn*
Dienstag	الثُّلاثَاء *'a-ṯ-ṯulāṯā'*
Mittwoch	الأَرْبِعَاء *'al-'arbiᶜā'*
Donnerstag	الْخَمِيس *'al-ḫamīs*
Freitag	الْجُمْعَة *'al-ǧumᶜah*
Samstag	السَّـبْت *'a-s-sabt*
Sonntag	الأَحَد *'al-'aḥad*

أسماء الأشهر
Monatsnamen

im Januar	فِي يَنَايِر\فِي كَانونِ الثَّانِي	*fī yānāyir / fī kānūni ṯ-ṯānī*
Februar	فِبْرَاير\شُبَاط	*fibrāyir / šubāṭ*
März	مَارِس\آذَار	*māris / 'āḏār*
April	أَبْرِيل\نَيْسَان	*'abrīl / naysān*
Mai	مَايُو\أَيَّار	*māyō / 'ayyār*
Juni	يُونْيُو\حُزَيْرَان	*yūnyō / ḥuzayrān*
Juli	يُولْيُو\تَمُّوز	*yūlyō / tammūz*
August	أَغُسْطُس\آب	*'aġusṭus / 'āb*
September	سِبْـتَمْـبَر\أَيْلُول	*sibtambar / 'aylūl*
Oktober	أُكْتُوبَر\تِشْرِينُ الأَوَّل	*'uktōbar/tišrīnu l-'awwal*
November	نُوفَمبَر\تِشْرِينُ الثَّانِي	*nōfambar / tišrīnu ṯ-ṯānī*
Dezember	دِيسَمْبَر\كَانُونُ الأَوَّل	*dīsambar / kanūnu l-'awwal*

Sonnen- und Mondkalender

In den arabischen Ländern werden zwei Kalender benutzt, der gregorianische Sonnenkalender und der islamische Mondkalender. Der gregorianische „Sonnenkalender" der westlichen Welt wird in der ganzen arabischen Welt verwendet, besonders bei formellen Angelegenheiten. Die meisten arabischen Länder benutzen die westlichen Termini des gregorianischen Kalenders mit einer dem Arabischen angepassten Aussprache. In den nordöstlichen Ländern des arabischen Sprachraumes (Syrien, Libanon, etc.) werden andere Bezeichnungen für die entsprechenden Monate benutzt. In Zeitungen werden meist beide Bezeichnungen angegeben.

Der Mondkalender التقويم الهجري wird in der islamischen Welt besonders zu religiösen Anlässen benutzt, weniger bei formellen Datumsangaben. Die Golfstaaten und der Jemen sind davon ausgenommen. Dort spielt der Mondkalender auch im täglichen Leben eine wichtige Rolle, zusätzlich zum Sonnenkalender. Die islamischen Mondmonate haben nur 29 bzw. 30 Tage und das Jahr ist damit um ca. 11 Tage kürzer. Daher kommt es, dass der Ramadan, der islamische Fastenmonat, sich jährlich verschiebt und in verschiedene Jahreszeiten fällt.

Die Monate des islamischen Mondkalenders heißen:
muḥarram, ṣafar, rabīᶜu l-'awwal, rabīᶜu ṯ-ṯānī, ǧumādu l-'awwal, ǧumādu ṯ-ṯānī, raǧab, šaᶜbān, ramaḍān, šawwāl, ḏū l-qiᶜdah, ḏū l-ḥiǧǧah.

فصول السنة
Jahreszeiten

Frühling / im Frühling	الرَّبيع \ فِي الرَّبيع *'a-r-rabīᶜ / fī r-rabīᶜ*
Sommer / im Sommer	الصَّيْف \ فِي الصَّيْف *'a-ṣ-ṣayf / fī ṣ-ṣayf*
Herbst / im Herbst	الْخَريف \ فِي الْخَريف *'al-ḫarīf / fī l-ḫarīf*
Winter / im Winter	الشِّتَاء \ فِي الشِّتَاء *'a-š-šitā' / fī š-šitā'*

1 Ergänzen Sie die Verwandtschaftsbezeichnungen aus Ihrer Perspektive.

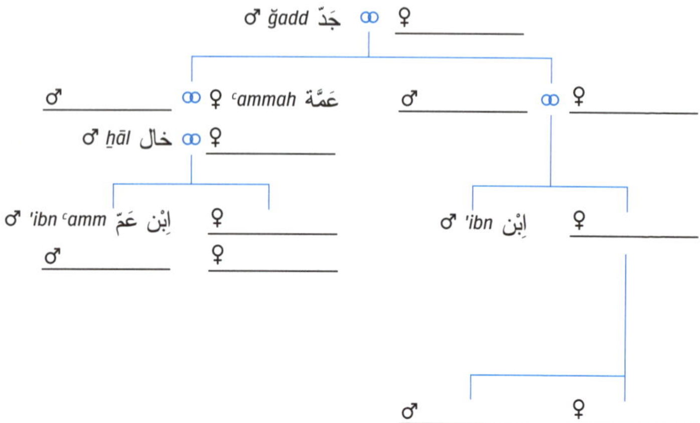

2 Schreiben Sie das Gegenteil der folgenden Adjektive auf.

a. طَوِيل *ṭawīl* ______________________

b. سَمِين *samīn* ______________________

c. جَمِيلَة *ǧamīlah* ______________________

d. كَبِير *kabīr* ______________________

e. وَسِيم *wasīm* ______________________

3 **Finden Sie die Wochentage (senkrecht oder waagerecht von rechts nach links) und schreiben Sie sie auf.**

ka كَ	su سُ	'a اَ	na نَ	ṯi ثِ	fu فُ	ku كُ	ġa غَ	ṭu طُ	'a اَ
zi زِ	ḍa ضَ	l لْ	hu هُـ	ṣa صَ	qu قُ	ḏu ذُ	fi فِ	na نَ	l لْ
d د	ḥa حَ	'a أَ	l لْ	'a اَ	ki كِ	ʿi عِ	ẓi ظِ	'u أُ	'i إِ
šu شُ	ā ا	r رْ	ṣa صَ	h ة	qa قَ	ṭu طُ	ḥu حُ	šu شُ	ṯ ثْ
ḏi ذِ	lā لاَ	bi بِ	ša شَ	zi زِ	ẓi ظِ	fi فِ	ā ا	lu لُ	na نَ
ṣi صِ	lu لُ	ʿa عَ	fu فُ	t ت	b بْ	sa سَ	l لْ	'a اَ	y يْ
sa سَ	fa فُ	ā ا	ḍu ضُ	ṭi طِ	šu شُ	hu هُـ	su سُ	ʿi عِ	n ن
nu نُ	ği جِ	' ء	ā ا	ṯa ثَ	ā ا	la لَ	ṯu ثُ	l لْ	'a اَ
h ة	ʿa عَ	m م	ğu جُ	l لْ	'a ا	ā ا	na نَ	wi وَ	ġu غُ
h ة	ta تَ	si سِ	šu شُ	ka كَ	lu لُ	'u ؤُ	wa وَ	zi زِ	na نَ
sa سَ	ā ى	ī ي	lu لُ	s س	ī ي	mi مِ	ḫa خَ	l لْ	'a اَ

'al-ğumʿah الْجُمْعَة

السكن
Wohnen

تعبيـــرات عامة عن السكن
Allgemeine Wendungen rund ums Wohnen

Ich lebe in einer Wohnung, …	أَعِيش فِي شَقَّة، … *'aᶜīš fī šaqqah, …*
… und wir in einem Haus.	… وَنَحْنُ فِي بَيْت. *… wa naḥnu fī bayt.*
Mietwohnung	شَقَّة بِالإِيــجَار (ج شُقَق بالإِيــجَار) *šaqqah bi-l-'īǧār* (pl. *šuqaq bi-l-'īǧār*)
Eigentumswohnung	شَقَّة مِلْك (ج شُقَق مِلْك) *šaqqah milk* (pl. *šuqaq milk*)
Stockwerk	طَابِق (ج طَوَابِق) *ṭābiq* (pl. *ṭawābiq*)
im 3. Stock	فِي الطَّابِقِ الثَّالِث *fī ṭ-ṭābiqi ṯ-ṯāliṯ*
Wolkenkratzer	نَاطِحَة سَحَاب (ج نَاطِحَات سَحَاب) *nāṭiḥat saḥāb* (pl. *nāṭiḥāt saḥāb*)
[ein] Haus mit Lift	بِنَايَة بِـــمِصْعَد *bināyah bi-miṣᶜad*
Treppe	دَرَجَة (ج دَرَج) *daraǧah* (pl. *daraǧ*)

Wohnformen in arabischen Ländern

Im arabischen Raum kann man eine möblierte (*šaqqah mafrūšah*) oder unmöblierte Wohnung (*šaqqah ġayr mafrūšah*) mieten. Ein Zimmer in einer WG heißt *ġurfah fī bayt muštarak*.
Man kann auch ein Zimmer in einem traditionellen arabischen Haus (*bayt ᶜarabiyy*) mieten, z.B. in der Altstadt von Damaskus. Traditionelle arabische Häuser sind alte Häuser, die vor dem Beginn des zwanzigsten

Jahrhunderts gebaut wurden, oder die nach dem gleichen Modell wie diese gebaut sind. Das Herz eines arabischen Hauses ist ein Rechteckhof (*ḥawš*) ohne Dach (*saqf*). Ein Springbrunnen (*nāfūrah*) liegt mitten im Hof, auf den die meisten Zimmer, Fenster und Türen ausgerichtet sind. Im Hof erledigen die Mitbewohner viele ihrer häuslichen Tätigkeiten, vor allem im Sommer.
Traditionelle arabische Häuser findet man in den Altstädten der meisten arabischen Länder. Meist haben sie zwei Stockwerke oder mehr wie in Syrien, in Marokko und in den Golfstaaten. Sie sind aus Stein wie in der Altstadt von Damaskus, oder aus Koralle wie in Dubai. Im Jemen ist ein traditionelles Haus anders gebaut: Es hat keinen Hof in der Mitte, und in der Altstadt von Sanaa bestehen die Steinhäuser aus mehr als fünf Stockwerken. Fast über jedem Fenster befindet sich ein dekoratives *qamariyyah* (halbrundes Gipsstuck-Oberlicht mit eingelegtem farbigem Glas). Die Häuser der kleinen Stadt von Shibam im Herzen der jemenitischen Wüste gelten mit bis zu 16 Stockwerken als die ersten Wolkenkratzer der Welt. Sie wurden vor 600 Jahren aus Stroh und Schlamm gebaut.

in der Stadt	فِي الْمَدِينَة *fī l-madīnah*
Dorf	قَرْيَة (ج قُرَى) *qaryah* (pl. *qurā*)
Stadtviertel	حَيّ (ج أَحْيَاء) *ḥayy* (pl. *'aḥyā'*)
Fläche, Gebiet	مِنْطَقَة (ج مَنَاطِق) *minṭaqah* (pl. *manāṭiq*)
am Stadtrand	فِي ضَوَاحِي الْـمَدِينَة *fī ḍawāhī l-madīnah*
auf dem Land	فِي الرِّيف *fī r-rīf*

إنْ شَاءَ الله
'in šā'a l-lāh = hoffentlich

Dieser Ausdruck wird in der arabischen Welt häufig verwendet. Man gebraucht ihn oft, wenn man über die Zukunft spricht, in der Bedeutung „hoffentlich“ oder „wenn alles gut geht“, „wenn nichts dazwischen kommt“. Wörtlich übersetzt lautet er: „wenn Gott will“.
Hoffentlich / Wenn alles klappt, werde ich bald in einer großen Stadt wohnen.
إن شاء الله قَرِيباً سَأَسْكُن فِي مَدِينَة كَبِيـــرة.
'in šā'a l-lāh qarīban sa-'askun fī madīnah kabīrah.

أنواع الغرف وأعمال البيــــت
Wohnräume und häusliche Tätigkeiten

Wohnzimmer, Zimmer	غُرْفَة (ج غُرَف) *ġurfah* (pl. *ġuraf*)
wohnen	سَكَن، يَسْكُن، السَّكَن *sakan, yaskun, 'a-s-sakan*
Esszimmer	غُرْفَة أَكْل (ج غُرَف أَكْل) *ġurfat 'akl* (pl. *ġuraf 'akl*)
essen	أَكَل، يَأْكُل، الأَكْل *'akal, ya'kul, 'al-'akl*
Schlafzimmer	غُرْفَة نَوْم (ج غُرَف نَوْم) *ġurfat nawm* (pl. *ġuraf nawm*)
schlafen	نَام، يَنَام، النَّوْم *nām, yanām, 'a-n-nawm*
Kinderzimmer	غُرْفَة أَطْفَال (ج غُرَف أَطْفَال) *ġurfat 'aṭfāl* (pl. *ġuraf 'aṭfāl*)
spielen	لَعِب، يَلْعَب، اللَّعِب *laᶜib, yalᶜab, 'a-l-laᶜib*
Küche	مَطْبَخ (ج مَطَابِخ) *maṭbaẖ* (pl. *maṭābiẖ*)

kochen	طَبَخ، يَطْبُخ، الطَّبْخ *ṭabaḫ, yaṭbuḫ, 'a-ṭ-ṭabḫ*
Badezimmer	حَمَّام (ج حَمَّامَات) *ḥammām* (pl. *ḥammāmāt*)
sich duschen, baden	تَحَمَّم، يَتَحَمَّم، التَّحَمُّم *taḥammam, yataḥammam, 'a-t-taḥammum*
Garderobe	مَلابِس *malābis* (pl.)
Mantel anziehen	لَبِسَ الْمِعْطَف، يَلْبَس، اللِّبْس *labisa l-miᶜṭaf, yalbas, 'a-l-libs*
Jacke ausziehen	خَلَعَ الْجَاكِيت، يَخْلَع، الْخَلْع *ḫalaᶜa l-ǧākēt, yaḫlaᶜ, 'al-ḫalᶜ*
Dachboden	عِلِّيَّة (ج عِلِّيَّات) *ᶜilliyyah* (pl. *ᶜilliyyāt*)
Keller	قَبْو (ج أَقْبَاء) *qabw* (pl. *'aqbā'*)
Werkraum	مَكَان شُغْل (ج أَمَاكِن شُغْل) *makān šuġl* (pl. *'amākin šuġl*)
Arbeitszimmer	مَكْتَب (ج مَكَاتِب) *maktab* (pl. *makātib*)
Wintergarten	حُجْرَة نَبَات (ج حُجْرَات نَبَات) *ḥuǧrat nabāt* (pl. *ḥuǧrāt nabāt*)
Zeitung lesen	قَرَأَ الْجَرِيدَة، يَقْرَأ، الْقِرَاءَة *qara'a l-ǧarīdah, yaqra', 'al-qirā'ah*
Terrasse	شُرْفَة (ج شُرَف) *šurfah* (pl. *šuraf*)
grillen	شَوَى، يَشْوِي، الشَّوْي *šawā, yašwī, 'a-š-šawy* (ugs.)

Garten	حَدِيقَة (ج حَدَائِق) *ḥadīqah* (pl. *ḥadā'iq*)
Blumen gießen	سَقَى الزُّهُور، يَسْقِي، السَّقْي *saqā z-zuhūr, yasqī, 'a-s-saqy*
Rasen	مَرْج (ج مُرُوج) *marǧ* (pl. *murūǧ*)
Rasen mähen	جَزَّ العُشْب، يَجُزّ، الْجَزّ *ǧazza l-ᶜušb, yaǧuzz, 'al-ǧazz*
Garage	مَوْقِف لِلسَّيَّارَات (مَواقِف لِلسَّيَّارَات) *mawqif li-s-sayyārāt* (*mawāqif li-s-sayyārāt*)
Auto abstellen	صَفَّ السَّيَّارَة، يَصُفّ، الصَّفّ *ṣaffa s-sayyārah, yaṣuff, 'a-ṣ-ṣaff*
Swimmingpool	مَسْبَح (ج مَسَابِح) *masbaḥ* (pl. *masābiḥ*)
schwimmen	سَبَح، يَسْبَح، السِّبَاحَة *sabaḥ, yasbaḥ, 'a-s-sibāḥah*
Fenster putzen	نَظَّفَ الشَّبَابِيك، يُنَظِّف، التَّنْظِيف *naẓẓafa š-šabābīk, yunaẓẓif, 'a-t-tanẓīf*
Staub saugen	شَفَطَ الْغُبَار، يَشْفِط، الشَّفْط *šafaṭa l-ġubār, yašfiṭ, 'a-š-šafṭ*
waschen	غَسَل، يَغْسِل، الغَسْل *ġasal, yaġsil, 'al-ġasl*
bügeln	كَوَى، يَكْوِي، الْكَوْي *kawā, yakwī, 'al-kawy* (ugs.)
Geschirr abwaschen	غَسَلَ الصُّحُون، يَغْسِل، الْغَسْل *ġasala ṣ-ṣuḥūn, yaġsil, 'al-ġasl*
Zimmer aufräumen	رَتَّبَ الْغُرْفَة ، يُرَتِّب ، التَّرْتِيب *rattaba l-ġurfah, yurattib, 'a-t-tartīb*

Frühstück machen	حَضَّرَ الْفُطُور، يُحَضِّر، التَّحْضِير *ḥaḍḍara l-fuṭūr, yuḥaḍḍir, 'a-t-taḥḍīr*
Mittagessen kochen	طَبَخَ الْغَدَاء ، يَطْبُخ ، الطَّبْخ *ṭabaḫa l-ġadā', yaṭbuḫ, 'a-ṭ-ṭabḫ*
Kuchen backen	فَرَنَ الكَعْك، يَفْرُن، الْفَرْن *farana l-kaᶜk, yafrun, 'al-farn*
Einkaufsliste schreiben	كَتَب قَائِمَةَ الْمُشْتَرَيَات، يَكْتُب، الْكِتَابَة *katab qā'imata l-muštarayāt, yaktub, 'al-kitābah*

الأثاث والمفروشات
Möbel und Einrichtungsgegenstände

Tisch	طَاوِلَة (ج طَاوِلات) *ṭāwilah* (pl. *ṭāwilāt*)
Stuhl	كُرْسِيّ (ج كَرَاسِيّ) *kursiyy* (pl. *karāsiyy*)
Bank	بَنْك (ج بُنُوك) *bank* (pl. *bunūk*)
Schrank	خِزَانَة (ج خِزَانَات) *ḫizānah* (pl. *ḫizānāt*)
Couch	أَرِيكَة (ج أَرَائِك) *'arīkah* (pl. *'arā'ik*)
Kissen	مِخَدَّة (ج مِخَدَّات) *miḫaddah* (pl. *miḫaddāt*)
Sessel	مِقْعَد بِذِرَاعَيْن (ج مَقَاعِد بِذِرَاعَيْن) *miqᶜad bi-ḏirāᶜayn* (pl. *maqāᶜid bi-ḏirāᶜayn*)
Regal	رَفّ (ج رُفُوف) *raff* (pl. *rufūf*)

Bett	سَرِير (ج سُرُر) *sarīr* (pl. *surur*)
Matratze	فِرَاش (ج فُرُش) *firāš* (pl. *furuš*)
Kopfkissen	مِخَدَّة رَأْس (ج مِخَدَّات رَأْس) *miẖaddat ra's* (*miẖaddāt ra's*)
Bettlaken	شَرْشَف (ج شَرَاشِف) *šaršaf* (pl. *šarāšif*)
Decke	غِطَاء (ج أَغْطِيَة) *ġiṭā'* (pl. *'aġṭiyah*)
Nachttisch	حَلْوَى (ج حَلَوِيَّات) *ḥalwā* (pl. *ḥalawiyyāt*)
Kleiderschrank	خِزَانَة مَلَابِس (ج خَزَانات ملابِس) *hizānat malābis* (pl. *hizānāt malābis*)
Schreibtisch	طَاوِلَة كِتَابَة (ج طَاوِلات كِتَابَة) *ṭāwilat kitābah* (pl. *ṭāwilāt kitābah*)
Waschbecken	حَوْض غَسِيل (ج أَحْوَاض غَسِيل) *ḥawḍ ġasīl* (pl. *'aḥwāḍ ġasīl*)
Badewanne	حَوْض تَحمُّم (ج أَحْوَاض تَحَمُّم) *ḥawḍ taḥammum* (pl. *'aḥwāḍ taḥammum*)
Dusche	دُوش *dūš*
Toilette	مِرْحَاض (ج مَرَاحِيض) *mirḥāḍ* (pl. *marāḥīḍ*)
Wasserhahn	حَنَفيَّة (ج حَنَفيَّات) *ḥanafiyyah* (pl. *ḥanafiyyāt*)
Gardine / Vorhang	سِتَارَة (ج سَتَائِر) *sitārah* (pl. *satā'ir*)

Pflanze	نَـبْـتَة (ج نَبَات) *nabtah* (pl. *nabāt*)
Blumenvase	إِنَاء زُهُور (ج أَوَانِي زُهُور) *'inā' zuhūr* (pl. *'awānī zuhūr*)
Bild	صُورَة (ج صُوَر) *ṣūrah* (pl. *ṣuwar*)
Lampe	مِصْبَاح (ج مَصَابِيح) *miṣbāḥ* (pl. *maṣābīḥ*)
Zimmerdecke	سَقْف (ج سُقُوف) *saqf* (pl. *suqūf*)
Wand	جِدَار (ج جُدْرَان) *ǧidār* (pl. *ǧudrān*)
Tür	بَاب (ج أَبْوَاب) *bāb* (pl. *'abwāb*)
Fenster	شُبَّاك (ج شَبَابِيك) *šubbāk* (pl. *šabābīk*)
Tapete	وَرَق جُدْرَان *waraq ǧudrān*
Fußboden	أَرْضِيَّة (ج أَرْضِيَّات) *'arḍiyyah* (pl. *'arḍiyyāt*)
Teppich	بِسَاط (ج أَبْسِطَة) *bisāṭ* (pl. *'absiṭah*)

أجهزة البـيـت
Haushaltsgeräte

Waschmaschine	غَسَّالَة (ج غَسَّالَات) *ġassālah* (pl. *ġassālāt*)
Wäschetrockner	مُجَفِّفَة مَلَابِس (ج مُجَفِّفَات مَلَابِس) *muǧaffifat malābis* (pl. *muǧaffifāt malābis*)

Bügeleisen	مِكْوَاة (ج مَكَاوِي) *mikwāt* (pl. *makāwī* (ugs.))
Geschirrspüler	غَسَّالَة صُحُون (ج غَسَّــالات صُحُون) *ġassālat ṣuḥūn* (pl. *ġassālāt ṣuḥūn*)
Kühlschrank	ثَلاَّجَة (ج ثَلاَّجَات) *ṯallāǧah* (pl. *ṯallāǧāt*)
Gefriertruhe	بَرَّاد ثَلْج (ج بَرَّادَات ثَلْج) *barrād ṯalǧ* (*barrādāt ṯalǧ*)
Elektroherd	شَوَّايَة كَهْرَبَائِــيَّة (ج شَوَّايَات كَهرَبَائِــيَّة) *šawwāyah kahrabā'iyyah* (pl. *šawwāyāt kahrabā'iyyah*)
Gasherd	شَوَّاية غَازِيَّة (ج شَوَّايَات غَازِيَّة) *šawwāyah ġāziyyah* (pl. *šawwāyāt ġāziyyah*)
Backofen	فُرْن (ج أَفْرَان) *furn* (pl. *'afrān*)

1 **In welchem Raum befinden sich diese Einrichtungsgegenstände? Ordnen Sie zu.**

a.	غُرْفَة نَـــوْم *ġurfat nawm*	كُرْسِيّ *kursiyy*
b.	مَطْـــبَـــخ *maṭbaḫ*	سَريــر *sarīr*
c.	مَكْـــتَـــب *maktab*	فُرْن *furn*
d.	حَــمَّام *ḥammām*	طاوِلة كِـــتـــابَة *ṭāwilat kitābah*
e.	غُرْفَة أكْل *ġurfat 'akl*	حَـــنَـــفِـــيَّـــة *ḥanafiyyah*

2 **Was tun Sie in welchem Raum? Ordnen Sie zu.**

a.	حَــمَّام *ḥammām*	اللَّعِب *'al-la^{c}ib*
b.	غُرْفَة أَطْفَال *ġurfat 'aṭfāl*	الأَكْل *'al-'akl*
c.	غُرْفَة نَـــوْم *ġurfat nawm*	التَّحَمُّم *'a-t-taḥammum*
d.	غُرْفَة أَكْل *ġurfat 'akl*	الطَّبْخ *'a-ṭ-ṭabḫ*
e.	مَطْـــبَـــخ *maṭbaḫ*	النَّوْم *'a-n-nawm*

3 **Ergänzen Sie die folgenden häuslichen Tätigkeiten mit dem passenden Verb in der Grundform (Vergangenheit „Perfekt" und Gegenwart „Imperfekt").**

a. ______________ ، ______________ الشَّبَابِيك
______________ ، ______________ *š-šabābīk*

b. ______________ ، ______________ الصُّحُون
______________ ، ______________ *ṣ-ṣuḥūn*

c. ______________ ، ______________ الغُرْفَة
______________ ، ______________ *l-ġurfah*

d. ______________ ، ______________ الْجَرِيدَة
______________ ، ______________ *l-ǧarīdah*

e. ______________ ، ______________ الْغُبَار
______________ ، ______________ *l-ġubār*

f. ______________ ، ______________ الزُّهُور
______________ ، ______________ *z-zuhūr*

الملابس
Kleidung

قطع الملابس
Kleidungsstücke

Kleid	فُسْتَان (ج فَسَاتِين)	*fustān* (pl. *fasātīn*)
Rock	تَنُّورَة (ج تَنَانِير)	*tannūrah* (pl. *tanānīr*)
Bluse	بَلُّوزَة (ج بَلُّوزَات)	*ballūzah* (pl. *ballūzāt*)
Pullover	بُول أُوفَر (ج بُول أُوفَرَات)	*bulōfar* (pl. *bulofarāt*)
Oberhemd	قَمِيص (ج قُمْصَان)	*qamīṣ* (pl. *qumṣān*)
Krawatte	كَرَفِيتَّة (ج كَرَفِيتَّات)	*karafittah* (pl. *karafittāt*)
T-Shirt	تِي شِيرْت (ج تِي شِيرْتَات)	*tī šērt* (pl. *tī šērtāt*)
Hose	بَنْطَلُون (ج بَنْطَلُونَات)	*banṭalōn* (pl. *banṭalōnāt*)
Jeans	بَنْطَلُون جِينْز (ج بَنْطَلُونَات جِينْز)	*banṭalōn ǧīnz* (pl. *banṭalōnāt ǧīnz*)
Gürtel	حِزَام (ج أَحْزِمَة)	*ḥizām* (pl. *'aḥzimah*)
Anzug	بَدْلَة (ج بَدْلَات)	*badlah* (pl. *badlāt*)
Kostüm	زِيّ (ج أَزْيَاء)	*zayy* (pl. *'azyā'*)

Jacke	جَاكِيت (ج جَاكِيتَات) *ǧakēt* (pl. *ǧakētāt*)
Weste	صَدْرِيَّة (ج صَدْرِيَّات) *ṣadriyyah* (pl. *ṣadriyyāt*)
Socken	جَوْرَب (ج جَوَارِب) *ǧawrab* (pl. *ǧawārib*)
Kniestrümpfe	جَوْرَب طَوِيل (ج جَوَارِب طَوِيلَة) *ǧawrab ṭawīl* (pl. *ǧawārib ṭawīlah*)
Strumpfhose	جَوْرَب بَنْطَلُون (جَوَارِب بَنْطَلُون) *ǧawrab banṭalōn* (pl. *ǧawārib banṭalōn*)
Mantel	مِعْطَف (ج مَعَاطِف) *miʿṭaf* (pl. *maʿāṭif*)
Handschuhe	قُفَّاز (ج قُفَّازَات) *quffāz* (pl. *quffāzāt*)
Schal	شَال (ج شِيلَان) *šāl* (pl. *šīlān*)
Hut, Mütze	قُبَّعَة (ج قُبَّعَات) *qubbaʿah* (pl. *qubbaʿāt*)
Schlafanzug	سُتْرَة نَوْم (ج سُتَر نَوْم) *sutrat nawm* (pl. *sutar nawm*)
Badehose	سِرْوَال سِبَاحَة (ج سَرَاوِيل سِبَاحَة) *sirwāl sibāḥah* (pl. *sarāwīl sibāḥah*)
Badeanzug	سُتْرَة سِبَاحَة (ج سُتَر سِبَاحَة) *sutrat sibāḥah* (pl. *sutar sibāḥah*)
Schuhe	حِذَاء (ج أَحْذِيَة) *ḥiḏā'* (pl. *'aḥḏiyah*)
Stiefel	جَزْمَة طَوِيلَة (ج جَزْمَات طَوِيلَة) *ǧazmah ṭawīlah* (pl. *ǧazmāt ṭawīlah*)
Sandalen	صَنْدَل (ج صَنَادِل) *ṣandal* (pl. *ṣanādil*)

Turnschuhe	جَزْمَة رِيَاضَة (ج جَزْمَات رِيَاضَة) *ǧazmat riyāḍah* (pl. *ǧazmāt riyāḍah*)

تعبيـــرات
Redewendungen

Diese Bluse gefällt mir sehr gut.	هَذِهِ البَلُّوزَة تُعْجِبُنِي كَثِيـــراً. *hāḏihi l-ballūzah tuᶜǧibunī kaṯīran.*
Ich nehme sie.	سَآخُذُهَا. *sa-'āḫuḏuhā*
Kann ich sie anprobieren?	(هَلْ) مُمْكِن أَنْ أُجَرِّبَهَا؟ *(hal) mumkin 'an 'uǧarribahā?*
Wo sind die Umkleide-kabinen?	أَيْنَ غُرَفُ القِيَاس؟ *'ayna ġurafu l-qiyās?*
Das Kleid ist mir zu eng.	الفُسْتَان ضَيِّق جِدّاً عَلَيَّ. *'al-fustān ḍayyiq ǧiddan ᶜalayya.*
Dieser Rock ist mir zu lang.	هَذِهِ التَّنُّورَة طَوِيلَة جِدّاً عَلَيَّ. *hāḏihi t-tannūrah ṭawīlah ǧiddan ᶜalayya.*
Diese Hose ist mir zu kurz.	هَذَا البَنْطَلُون قَصِيـــر جِدّاً عَلَيَّ. *hāḏā l-banṭalōn qaṣīr ǧiddan ᶜalayya.*
Das T-Shirt ist mir zu weit.	الـــتِّي شِـــيـــرْت وَاسِـــع جِدّاً عَـــلَيَّ. *'a-t-tī šērt wāsiᶜ ǧiddan ᶜalayya.*

Haben Sie eine Größe kleiner?	(هَلْ) عِنْدَكُم قِيَاس أَصْغَر؟ *(hal) ᶜindakum qiyās 'aṣġar?*
Ich hätte gerne Winterschuhe.	أُرِيد حِذَاء لِلشِّتَاء، لَوْ سَمَحْت\لَوْ سَمَحْتِ؟ *'urīd ḥiḏā' li-š-šitā' law samaḥt* (m.) / *law samaḥti* (f.).
Diese Schuhe sind mir zu klein.	هَذَا الْحِذَاء صَغِير جِدّاً عَلَيَّ. *hāḏā l-ḥiḏā' ṣaġīr ǧiddan ᶜalayya.*
Haben Sie eine Nummer größer?	(هَلْ) عِنْدَكَ\عِنْدَكِ قِيَاس أَكْبَر؟ *(hal) ᶜindaka* (m.) / *ᶜindaki* (f.) *qiyās 'akbar?*

الألوان والأشكال والمواد
Farbe, Muster und Material

eine weiße Bluse	بَلُّوزَة بَيْضَاء *ballūzah bayḍā'*
ein blauer Pullover	بُول أُوفَر أَزْرَق *bulōfar 'azraq*
ein hellblauer Pullover	بُول أُوفَر سَمَاوِيّ *bulōfar samāwiyy*
ein dunkelblauer Rock	تَنُّورَة زَرْقَاء غَامِقَة *tannūrah zarqā' ġāmiqah*
ein gelber Bikini	بِيكِّينِي أَصْفَر *bikkīnī 'aṣfar*
schwarze Jeans	بَنْطَلُون جِينْز أَسْوَد *banṭalōn ǧīnz 'aswad*
braune Schuhe	حِذَاء بُنِّيّ *ḥiḏā' bunniyy*
ein grünes T-Shirt	تِي شِيرْت أَخْضَر *tī šērt 'aḫḍar*

graue Socken	جَوارِب رَمادِيَّة *ǧawārib ramādiyyah*
ein rotes Kleid	فُسْتان أَحْمَر *fustān 'aḥmar*
ein rotes Kleid mit weißen Punkten	فُسْتان أَحْمَر بِنُقَط بَيْضاء *fustān 'aḥmar bi-nuqaṭ bayḍā'*
eine rot-blau gestreifte Krawatte	كَرافِيتَّة مُخَطَّطَة بِلَوْن أَحْمَر وَأَزْرَق *karafittah muẖaṭṭaṭah bi-lawn 'aḥmar wa 'azraq*
eine karierte Jacke	جاكِيت عَلَيْهِ مُرَبَّعات *ǧakēt ʿalayhi murabbaʿāt*
eine Bluse mit einem Blumenmuster	بَلُّوزَة مَرْسُوم عَلَيْها زُهُور *ballūzah marsūm ʿalayhā zuhūr*
ein Seidentuch	قُماش حَرِير (أَقْمِشَة حَرِير) *qumāš ḥarīr* (pl. *'aqmišah ḥarīr*)
ein T-Shirt aus Baumwolle	تي شِيرْت قُطْن *tī šērt quṭn*
Wollsocken	جَوارِب صُوف *ǧawārib ṣūf*
Lederschuhe	حِذاء جِلْد *ḥiḏā ǧild*

المجوهرات
Schmuck

Schmuck	مُجَوْهَرات *muǧawharāt*
Perlenkette	قِلادَة لُؤْلُؤ (ج قِلادات لُؤْلُؤ) *qilādat lu'lu'* (pl. *qilādāt lu'lu'*)

Armband	سِوَار (ج سِوَارَات) *siwār* (pl. *siwārāt*)
Diamantring	خَاتَم أَلْمَاس (ج خَوَاتِم أَلْمَاس) *ḫātam 'almās* (pl. *hawātim 'almās*)
Ohrringe aus Gold	حَلَقَة أُذُن (ج حَلَقَات أُذُن) *halaqat 'uḏun* (pl. *ḥalaqāt 'uḏun*)
Modeschmuck	مُجَوْهَرَات آخِر مُوضَة *muǧawharāt 'āḫir mōḍah*
Armbanduhr	سَاعَة يَد (ج سَاعَات يَد) *sāᶜat yad* (pl. *sāᶜāt yad*)

1 **Streichen Sie durch, was nicht passt.**

a.	كَرَفِيتَّة *karafittah*	بَدْلَة *badlah*	قَمِيص *qamīṣ*	فُسْتَان *fustān*
b.	جَوْرَب *ǧawrab*	قُبَّعَة *qubbaᶜah*	جَزْمَة *ǧazmah*	صَنْدَل *ṣandal*
c.	قَمِيص *qamīṣ*	جَاكِيت *ǧakēt*	حِزَام *ḥizām*	مِعْطَف *miᶜṭaf*
d.	مُجَوْهَرَات *muǧawharāt*	شَال *šāl*	سِوَار *siwār*	خَاتَم *ḫātam*

2 **Wie viele Wörter finden Sie? Schreiben Sie sie auf.**

حِ ذَ ا ء قُ فَّ ا ز قَ مِ ي ص حِ زَ ا م فُ سْ تَ ا ن خَ ا تَ م

ḥ i ḏ ā ' q u f f ā z q a m ī ṣ ḥ i z ā m f u s t ā n ḫ ā t a m

____

____

____

____

____

Test 3

3 **Finden Sie acht Farben (senkrecht oder waagerecht von rechts nach links) und schreiben Sie sie auf.**

fa فَ	ṭu طُ	si سِ	yy يّ	nni نِّ	bu بُ	'a أَ	ša شَ
sa سَ	d د	wa وَ	s سْ	'a أَ	ku كُ	z زْ	nu نُ
ma مَ	'a أَ	hu هُـــ	ṯu ثُ	ḥ حْ	ti تِ	ra رَ	ġi غِ
ā ا	b بْ	ʿa عَ	ni نِ	ma مَ	ṭ طْ	q ق	qu قُ
wi وِ	ya يَ	'i ءِ	ka كَ	r ر	fa فَ	ṣ صْ	'a أَ
yy يّ	ḍ ض	fu فُ	'i إِ	ki كِ	š شْ	lu لُ	y يْ
ti تِ	ka كَ	yy يّ	di دِ	ā ا	ma مَ	ra رَ	'i إِ

التسوق
Einkaufen

تعبيرات
Redewendungen

Haben Sie …?	(هَلْ) عِنْدَكُم …؟ *(hal) ᶜindakum* (pl.) …?
Gibt es …?	(هَلْ) يُوجَد …؟ *(hal) yūğad* …?
Ich hätte gern …	أُريد … لَوْ سَمَحْتَ/لَوْ سَمَحْتِ؟ *'urīd … law samaḥt* (m.) / *law samaḥti* (f.)?

أُريد … لَوْ سَمَحْتَ/لَوْ سَمَحْتِ/لَوْ سَمَحْتُم
'urīd … law samaḥt / law samaḥti / law samaḥtum
= ich hätte gerne / ich möchte gerne

'urīd heißt wörtlich „ich will". Um sich höflicher zu äußern („ich hätte gerne / ich möchte gerne"), fügt man *law samaḥt* (wörtlich: „wenn du erlauben würdest") im Sinne von „bitte" hinzu.
law samaḥt vewendet man, wenn man mit einem Mann, *law samaḥti*, wenn man mit einer Frau und *law samaḥtum*, wenn man mit einer Gruppe von Leuten spricht.

فِي
***fī* (ugs.) = es gibt**

fī heißt wörtlich „in". In der Umgangssprache bedeutet *fī* „es gibt":

fī qahwah?	Gibt's Kaffee?
kān fī ḥaflah.	Es gab eine Party.
mā kān fī miftāḥ.	Es gab keinen Schlüssel.
sa-yakūn fī qiṭār badīl baᶜd qalīl.	Es wird gleich einen Ersatzzug geben.
lan yakūn fī muškilah.	Es wird kein Problem geben.

Im Hocharabischen verwendet man die Wörter *hunāk* (wörtlich: „dort") und *yuğad* (wörtlich: „es befindet sich") im Sinne von „es gibt".

Was kostet der Blumenkohl?	بِكَمِ الْقَرْنَبِيط؟ *bi-kami l-qarnabīṭ?*
Was kosten die Orangen?	بِكَمِ الْبُرْتُقَال؟ *bi-kami l-burtuqāl?*
teuer	غَالِي (ج غَالُون) *ġālī* (ugs.) (pl. *ġalūn*)
billig	رَخِيص (ج رِخَاص) *raḫīṣ* (pl. *riḫāṣ*)
Noch etwas?	شَيْء غَيْرُهُ؟ *šay' ġayruhu?*
Nein, danke. Das ist alles.	لا، شُكراً. هَذَا كُلّ شَيْء. *lā, šukran. hāḏā kull šay'.*
Wie viel macht das?	بِكَم كُلّ شَيْء؟ *bi-kam kull šay'?*
Rabatt	خَصْم (ج خُصُومَات) *ḫaṣm* (pl. *ḫuṣūmāt*)
Schlussverkauf	تَنْزِيلَات *tanzīlāt*
Einkaufswagen	عَرَبَة تَسَوُّق (ج عَرَبَات تَسَوُّق) *ᶜarabat tasawwuq* (pl. *ᶜarabāt tasawwuq*)
Selbstbedienung	خِدْمَة ذَاتِيَّة (ج خِدْمَات ذَاتِيَّة) *ḫidmah ḏātiyyah* (pl. *ḫidmāt ḏātiyyah*)
Öffnungszeiten	أَوْقَاتُ الْفَتْح *'awqātu l-fatḥ*
Um wie viel Uhr öffnet die Bäckerei?	فِي أَيِّ سَاعَة يَفْتَحُ الْمَخْبَز؟ *fī 'ayyi sāᶜah yaftaḥu l-maḫbaz?*
Um wie viel Uhr schließt die Bank?	فِي أَيِّ سَاعَة يُغْلِقُ الْبَنْك؟ *fī 'ayyi sāᶜah yuġliqu l-bank?*

Der Supermarkt ist von 8 Uhr morgens bis 8 Uhr abends geöffnet.	السُّوبَر مَارْكِيت مَفْتُوح مِنَ السَّاعَة الثَّامِنَة صَبَاحاً إِلَى السَّاعَة الثَّامِنَة مَسَاءً. *'a-s-sūbar mārket maftūḥ mina s-sāʿah ṯ-ṯāminah ṣabāḥan 'ilā s-sāʿah ṯ-ṯāminah masā'an.*
Kasse	طَاوِلَة حِسَاب (ج طَاوِلات حِسَاب) *ṭāwilat ḥisāb* (pl. *ṭāwilāt ḥisāb*)

الأعداد والكميات والمعلبات
Zahlen, Mengen und Verpackung

0 – 1 – 2 – 3 – 4 – 5 – – ٥ – ٤ – ٣ – ٢ – ١ – ٠	صِفْر – وَاحِد – اِثْنَان – ثَلاثَة – أَرْبَعَة – خَمْسَة *sifr – wāḥid – 'iṯnān – ṯalāṯah – 'arbaʿah – ḫamsah*
6 – 7 – 8 – 9 – 10 – – ١٠ – ٩ – ٨ – ٧ – ٦	سِتَّة – سَبْعَة – ثَمَانِيَة – تِسْعَة – عَشَرَة *sittah – sabʿah – ṯamāniyah – tisʿah – ʿašarah*
11 – 12 – 13 – 14 – 15 – – ١٥ – ١٤ – ١٣ – ١٢ – ١١	أَحَدَ عَشَر – اِثْنَا عَشَر – ثَلاثَةَ عَشَر – أَرْبَعَةَ عَشَر – خَمْسَةَ عَشَر *'aḥada ʿašar – 'iṯnā ʿašar – ṯalāṯata ʿašar – 'arbʿata ʿašar – ḫamsata ʿašar*
16 – 17 – 18 – 19 – 20 – – ٢٠ – ١٩ – ١٨ – ١٧ – ١٦	سِتَّةَ عَشَر – سَبْعَةَ عَشَر – ثَمَانِيَةَ عَشَر – تِسْعَةَ عَشَر – عِشْرُون *sittata ʿašar – sabʿata ʿašar – ṯamāniyta ʿašar – tisʿata ʿašar – ʿišrūn*
21 – 22 – 23 – 24 – 25 – – ٢٥ – ٢٤ – ٢٣ – ٢٢ – ٢١	وَاحِد وعِشْرُون – اِثْنَان وَعِشْرُن – ثَلاثَة وَعِشْرُون – أَرْبَعَة وَعِشْرُون – خَمْسَة وَعِشْرُون *wāḥid wa ʿišrūn – 'iṯnān wa ʿišrūn – ṯalāṯah wa ʿišrūn – 'arbaʿah wa ʿišrūn – ḫamsah wa ʿišrūn*
31 – 32 – 33 – – ٣٣ – ٣٢ – ٣١	وَاحِد وَثَلاثُون – اِثْنَان وَثَلاثُون – ثَلاثَة وَثَلاثُون *wāḥid wa ṯalāṯūn – 'iṯnān wa ṯalāṯūn – ṯalāṯah wa ṯalāṯūn*

40 – 50 – 60 – 70 – 80 – 90 – ٤٠ – ٥٠ – ٦٠ – ٧٠ – ٨٠ – ٩٠ –	أَرْبَعُون – خَمْسُون – سِتُّون – سَبْعُون – ثَمَانُون – تِسْعُون *'arbaᶜūn – ẖamsūn – sittūn – sabᶜūn – ṯamānūn – tisᶜūn*
100 – 199 – ١٠٠ – ١٩٩ –	مِئَة – مِئَة وَتِسْعَة وتِسْعُون *mi'ah – mi'ah wa tisᶜah wa tisᶜūn*
200 – 300 – 400 – 500 – ٢٠٠ – ٣٠٠ – ٤٠٠ – ٥٠٠ –	مِئَتَان – ثَلاثُمِئَة – أَرْبَعُمِئَة – خَمْسُمِئَة *mi'atān – ṯalāṯumi'ah – 'arbaᶜumi'ah – ẖamsumi'ah*
600 – 700 – 800 – 900 – ٦٠٠ – ٧٠٠ – ٨٠٠ – ٩٠٠ –	سِتُّمِئَة – سَبْعُمِئَة – ثَمَانُمِئَة – تِسْعُمِئَة – *sittumi'ah – sabᶜumi'ah – ṯamānumi'ah – tisᶜumi'ah*
1.000 – 2.000 – 3.000 ١٠٠٠ – ٢٠٠٠ – ٣٠٠٠	أَلْف – أَلْفَان – ثَلاثَة آلاف *'alf – 'alfān – ṯalāṯat 'ālāf*
1.000.000 – 2.000.000 – 3.000.000 ١٠٠٠٠٠٠ – ٢٠٠٠٠٠٠ – ٣٠٠٠٠٠٠	مِلْيُون – مِلْيُونَان – ثَلاثَة مَلايـــين *milyōn – milyōnān – ṯalāṯat malāyīn*
1.000.000.000 – 6.000.000.000 ١٠٠٠٠٠٠٠٠٠ – ٦٠٠٠٠٠٠٠٠٠	مِلْيَار – سِتَّة مِلْيَارَات *milyār – sittat milyārāt*

Arabische Zahlen

Seit dem achten Jahrhundert benutzen Araber aus Indien stammende Ziffern und rechnen mit dem indischen Dezimalsystem. Wahrscheinlich haben sich im Laufe der Zeit die Anfangsbuchstaben der indischen Zahlwörter zu den heute gebräuchlichen Zahlzeichen entwickelt. Die arabischen Ziffern, mit denen die Deutschen zählen und rechnen, stammen von den westarabischen Zahlzeichen ab.
Die arabischen Zahlen setzen sich nicht anders als die deutschen zusammen. Bei zweistelligen Zahlen werden, wie im Deutschen, die Einer vor den Zehnern genannt. Auch bei dreistelligen Ziffern wird zuerst der Hunderter, dann der Einer und zuletzt der Zehner angeführt.

1. – 2. – 3. – 4. – 5. –	أوَّل – ثَانِي – ثَالِث – رَابِع – خَامِس *'awwal – ṯānī* (ugs.) *– ṯāliṯ – rābi*ᶜ *– ḫāmis –*
6. – 7. – 8. – 9. – 10. –	سَادِس – سَابِع – ثَامِن – تَاسِع – عَاشِر *sādis – sābi*ᶜ *– ṯāmin – tāsi*ᶜ *– ᶜāšir*
11. – 12. – 13.	حَادِي عَشَر – ثانِي عَشَر – ثَالِث عَشَر *ḥādī ᶜašar – ṯānī ᶜašar – ṯāliṯ ᶜašar*
eine Flasche Mineralwasser	قِـنِّــيــنَة مَاء مَعْدِنِـــيّ (ج قِنِّينَات مَاء مَعْدِنِيّ) *qinnīnat mā' ma*ᶜ*diniyy* (pl. *qinnīnāt mā' ma*ᶜ*diniyy*)
ein Liter Milch	لِيتْر حَلِيب *lītr ḥalīb*
100 Gramm Hackfleisch	مِئَة غِرَام لَحْم مَفْرُوم *mi'at ġiriām laḥm mafrūm*
zwei Kilo Äpfel	اِثْنَيــن كِيلو تُفَّاح *'iṯnayn kīlō* (ugs.) *tuffāḥ*
Dose, Schachtel	عُلْبَة (ج عُلَب) ᶜ*ulbah* (pl. ᶜ*ulab*)
eine Schachtel Kekse	عُلْبَة كَــعْــك ᶜ*ulbat ka*ᶜ*k*
eine Dose Sardinen	عُلْبَة سَرْدِين ᶜ*ulbat sardīn*
ein Kasten Bier	صُنْدُوق بِيــرَة (ج صَنَادِيق بِيــرَة) *ṣundūq bīrah* (pl. *ṣanādīq bīrah*)
mit Pfand	بِــتَكْلِفَة مُسْتَرْجَعَة *bi-taklifah mustarǧa*ᶜ*ah*

المحلات والبضائع
Geschäfte und Waren

في السوق
Auf dem Markt

Markt	سُوق (ج أَسْوَاق) *sūq* (pl. *'aswāq*)
Orange	بُرْتُقَالَة (ج بُرْتُقَال) *burtuqālah* (pl. *burtuqāl*)
Apfel	تُفَّاحَة (ج تُفَّاح) *tuffāḥah* (pl. *tuffāḥ*)
Birne	إجَاصَة (ج إجَاص) *'iǧāṣah* (pl. *'iǧāṣ*)
Kirsche	كَرَزَة (ج كَرَز) *karazah* (pl. *karaz*)
Erdbeere	تُوتَة (ج تُوت) *tūtah* (pl. *tūt*)
Pfirsich	دُرَّاقَة (ج دُرَّاق) *durrāqah* (pl. *durrāq*)
Weintraube	عِنَبَة (ج عِنَب) *ᶜinabah* (pl. *ᶜinab*)
Ananas	أَنَانَاس *'anānās*
Zitrone	لَيْمُونَة (ج لَيْمُون) *laymūnah* (pl. *laymūn*)
Pflaume	بَرْقُوقَة (ج بَرْقُوق) *barqūqah* (pl. *barqūq*)
Kartoffel	بَطَاطَة (ج بَطَاطَا) *baṭāṭah* (pl. *baṭāṭā*)

Tomate	طَمَاطَة (ج طَمَاطِم) *ṭamāṭah* (pl. *ṭamāṭim*)
Gurke	خِيارَة (ج خِيَار) *ḫiyārah* (pl. *ḫiyār*)
Paprika	فُلَيْفِلَة (ج فِلفِل) *fulayfilah* (pl. *filfil*)
Kopfsalat	خَسّ *ḫass*
Karotte	جَزَرَة (ج جَزَر) *ǧazarah* (pl. *ǧazar*)
Zwiebel	بَصَلَة (ج بَصَل) *baṣalah* (pl. *baṣal*)
Knoblauch	ثَوْمَة (ج ثَوْم) *ṯawmah* (pl. *ṯawm*)

في المخبز
In der Bäckerei

Bäckerei	مَخْبَز (ج مَخَابِز) *maḫbaz* (pl. *maḫābiz*)
Brot	خُبْز *ḫubz*
Brötchen	خُبْز كُرَوِيّ *ḫubz kurawiyy*
Kuchen	كَعْكَة (ج كَعْك) *kaᶜkah* (pl. *kaᶜk*)
Torte	تُورْتَا *turtā*

عند الـــجزار
In der Metzgerei

Metzgerei	مَلْحَمَة (ج مَلاحِم) *malḥamah* (pl. *malāḥim*)
Fleisch	لَحْمَة (ج لَحْم) *laḥmah* (pl. *laḥm*)
Schweinefleisch	لَحْم خِنْزِير *laḥm ḫinzīr*
Rindfleisch	لَحْم بَقَر *laḥm baqar*
Kalbfleisch	لَحْم عِجْل *laḥm ʿiǧl*
Lamm	لَحْم خَرُوف صَغِيـــر *laḥm ḫarūf ṣaġīr*
Hühnchen	لَحْم دَجاج *laḥm daǧāǧ*
Hackfleisch	لَحْم مَفْرُوم *laḥm mafrūm*

فـــي مـــحل السمك
Im Fischladen

Fisch	سَمَكَة (ج سَمَك) *samakah* (pl. *samak*)
Lachs	سَلَمُون *salamōn*
Forelle	سَلَمُون مُرَقَّط *salamōn muraqqaṭ*

Karpfen	شَبُّوط *šabbūṭ*
Thunfisch	تُونَة *tūnah*
Meeresfrüchte	أَكْل بَحْرِيّ *'akl baḥriyy*

في محل الزهور
Im Blumenladen

Blume	زَهْرَة (ج زُهُور) *zahrah* (pl. *zuhūr*)
ein Strauß Rosen	بَاقَة زُهُور (ج بَاقَات زُهُور) *bāqat zuhūr* (pl. *bāqāt zuhūr*)
Pflanze	نَبْتَة (ج نَبَات) *nabtah* (pl. *nabāt*)
Dünger	سَمَاد (ج أَسْمِدَة) *samād* (pl. *'asmidah*)

في محل المشروبات
Im Getränkemarkt

Bier	بِيرَة *bīrah*
alkoholische Getränke	مَشْرُوبَات كُحُولِيَّة *mašrūbāt kuḥūliyyah*
alkoholfrei	بِدُون كُحُول *bi-dūn kuḥūl*
Erfrischungsgetränk	مُرَطِّبَات *muraṭṭibāt*

Limonade	عَصِيــر لَيْمُون *ᶜaṣīr laymūn*
Orangensaft	عَصِيــر بُرْتَقَال *ᶜaṣīr burtuqāl*
Mineralwasser	مَاء مَعْدِنِيّ (ج مِيَاه مَعْدِنِيَّة) *mā' maᶜdiniyy* (pl. *miyāh maᶜdiniyyah*)
mit Kohlensäure	مَعَ غَاز *maᶜa ġāz*
ohne Kohlesäure	بِدُون غَاز *bi-dūn ġāz*

فــي الصيدلية
In der Apotheke

Apotheke	صَيْدَلِيَّة (ج صَيْدَلِيَّات) *ṣaydaliyyah* (pl. *ṣaydaliyyāt*)
Medizin	دَوَاء (ج أَدْوِيَة) *dawā'* (pl. *'adwiyah*)
Tablette	حَبَّة (ج حُبُوب) *habbah* (pl. *ḥubūb*)
Hustensaft	شَرَاب ضِدَّ السُّعْلَة *šarāb ḍidda s-suᶜlah*
Pflaster	لَصْقَة (ج لَصْقَات) *laṣqah* (pl. *laṣqāt*)
Verband	ضِمَادَة (ج ضِمَادَات) *ḍimādah* (pl. *ḍimādāt*)
Salbe	مَرْهَم (ج مَرَاهِم) *marham* (pl. *marāhim*)
Kräutertee	شَرَاب زُهُور *šarāb zuḥūr*

في السوبر ماركيت
Im Supermarkt

Supermarkt	سُوبَّر مَارْكِت (ج سُوبَّر مَارْكِتَات)	*subbarmārket* (pl. *subbarmārkettāt*)
Joghurt	لَبَن زَبَادِيّ	*laban zabādiyy*
Milch	حَلِيب	*ḥalīb*
Sahne	قِشْطَة	*qišṭah*
Eier	بَيْضَة (ج بَيْض)	*bayḍah* (pl. *bayḍ*)
Butter	زُبْدَة	*zubdah*
Käse	جُبْنَة (ج جُبْن)	*ğubnah* (pl. *ğubn*)
Marmelade	مُرَبَّى	*murabbā*
Honig	عَسَل	*ʿasal*
Mehl	طَحِين	*ṭaḥīn*
Zucker	سُكَّر	*sukkar*
Taschentuch	مِنْدِيل (ج مَنَادِيل)	*mindīl* (pl. *manādīl*)
Toilettenpapier	وَرَق حَمَّام	*waraq ḥammām*

Reinigungsmittel	مَادَّة مُنَظِّفَة (ج مَوَادّ مُنَظِّفَة) *māddah munaẓẓifah* (pl. *mawādd munaẓẓifah*)
Windel	حِفَاظَة (ج حِفَاظَات) *ḥifāẓah* (pl. *ḥifāẓāt*)
Zahnpasta	مَعْجُون أَسْنَان *maᶜǧūn 'asnān*
Zahnbürste	فُرْشَاة أَسْنَان *furšāt 'asnān*
Seife	صَابُون *ṣābūn*
Duschgel	سَائِل دُوش *sā'il dūš*
Feuerzeug	وَلاَّعَة (ج وَلاَّعَات) *wallāᶜah* (pl. *wallāᶜāt*)

Einkaufsmöglichkeiten in arabischen Ländern

Die häufigsten Einkaufsmöglichkeiten in den arabischen Ländern sind „Tante-Emma-Läden" (*dakākīn*) und Kioske (*'akšāk*), ebenso die traditionellen Märkte (*'aswāq*), die sich in der Regel in den Altstädten befinden. Es gibt auch Supermärkte und große Einkaufszentren, vor allem in den reichen Ländern. Der traditionelle Markt (*'a-s-sūq*) ist eine Ansammlung von Läden und Geschäften, wo Stoffe (*qumāš*), Kleidung (*malābis*), Gewürze (*bahārāt*), Gold (*ḏahab*), Silber (*fiḍḍah*) und Lebensmittel verkauft werden. Eine wichtige Einkaufssaison ist der Fastenmonat Ramadan, in dem die Geschäfte und Märkte zum Teil bis 3 Uhr morgens oder länger geöffnet sind.

1 **Wie heißen die folgenden arabischen Zahlen auf Deutsch? Unterstreichen Sie die richtige Antwort.**

a.	الثَّالِث عَشَر *'a-ṯ-ṯāliṯ ᶜašar*	1. der dreizehnte	2. dreizehn
b.	خَـمْسَةَ عَشَر *ḫamsata ᶜašar*	1. fünfzehn	2. der fünfzehnte
c.	الثَّانِـي *'a-ṯ-ṯānī*	1. der zweite	2. zwei
d.	الْـحَادِي عَشَر *'al-ḥādī ᶜašar*	1. elf	2. der elfte

2 **Streichen Sie durch, was nicht passt.**

a.	أَنَانَاس *'ananās*	تُفَّاح *tuffāḥ*	خُـبْـز *ḫubz*	بُرتُقَال *burtuqāl*
b.	لَـحْم دَجَاج *laḥm daǧāǧ*	لَـحْم خَرُوف *laḥm ḫarūf*	لَـحْم بَقَر *laḥm baqar*	لَـحْم عِجْل *laḥm ᶜiǧl*
c.	عَصِير لَيْمون *ᶜaṣīr laymūn*	عَصِير بُرْتُـقَال *ᶜaṣīr burtuqāl*	نَـبِـيـذ أَحْـمَر *nabīḏ 'aḥmar*	مَاء مَعْدِنِـيّ *mā' maᶜdiniyy*
d.	سَائِل دُوش *sā'il dūš*	صَابُون *ṣābūn*	مَعْجُون أَسْـنَان *maᶜǧūn 'asnān*	مِنْدِيل *mindīl*

3 **Schreiben Sie die Zahlen als Ziffern, wie in folgendem Beispiel.**

a.	سَبْعَة *sabᶜah*	7	٧
b.	أَرْبَعَةَ عَشَر *'arbaᶜata ᶜašar*	______	______
c.	ثَمَانُون *ṯamānūn*	______	______
d.	خَمْسَة وَعِشْرُون *ḫamsah wa ᶜišrūn*	______	______
e.	تِسْعُمِئَة *tisᶜumi'ah*	______	______
f.	ثَلاثَة آلاف *ṯalāṯat 'ālāf*	______	______

4 **Ordnen Sie die Waren den passenden Geschäften zu.**

a.	دَوَاء *dawā'*	مَحَلّ مَشْرُوبَات *maḥall mašrūbāt*
b.	لَحْم *laḥm*	مَحَلّ زُهُور *maḥall zuhūr*
c.	مَاء مَعْدِنِيّ *mā' maᶜdiniyy*	صَيْدَلِيَّة *ṣaydaliyyah*
d.	بَاقَة زُهُور *bāqat zuhūr*	مَخْبَز *maḫbaz*
e.	خُبْز *ḫubz*	مَلْحَمَة *malḥamah*

5 **Nummerieren Sie den Dialog in der richtigen Reihenfolge.**

____ نَعَم، تَفَضَّل.
na^cam, tafaḍḍal.

____ نَعَم، مَعَ غاز؟
na^cam, ma^ca ġāz?

____ شَيْء غَيْـــرُه؟
šay' ġayruhu?

____ لا، شُكْراً. هَذَا كُلّ شَيْء. بِكَم كُلّ شَيْء؟
lā, šukran. hāḏā kull šay'. bi-kam kull šay'?

____ وَهَل يُوجَد حَلِيب؟
wa hal yūǧad ḥalīb?

1 هَلْ عِنْدَكُم مَاء مَعْدِنِـــيّ؟
hal ^cindakum mā' ma^cdiniyy?

____ شُكْراً.
šukran.

____ لا، بِدُون غَاز.
lā, bidūn ġāz.

الدراسة والشغل
Schule und Beruf

الدراسة
Schule

Schule	مَدْرَسَة (ج مَدَارِس) *madrasah* (pl. *madāris*)
Gymnasium	مَدْرَسَة ثَانَوِيَّة *madrasah ṯanawiyyah*
Schüler – Schülerin	تِلْمِيذ (ج تَلامِيذ) – تِلْمِيذَة (ج تِلْمِيذَات) *tilmīḏ* (pl. *talāmīḏ*) – *tilmīḏah* (pl. *tilmīḏāt*)
Lehrer – Lehrerin	مُعَلِّم (ج مُعَلِّمُون) – مُعَلِّمَة (ج مُعَلِّمَات) *muʿallim* (pl. *muʿallimūn*) – *muʿallimah* (pl. *muʿallimāt*)
unterrichten	دَرَّس، يُدَرِّس، التَّدْرِيس *darras, yudarris, 'a-t-tadrīs*
Universität	جَامِعَة (ج جَامِعَات) *ǧāmiʿah* (pl. *ǧāmiʿāt*)
Student – Studentin	طَالِب (ج طُلاَّب) – طَالِبَة (ج طَالِبَات) *ṭālib* (pl. *ṭullāb*) – *ṭālibah* (pl. *ṭālibāt*)
Hausaufgaben machen	كَتَبَ الْوَاجِب، يَكْتُب، الكِتَابَة *kataba l-wāǧib, yaktub, 'al-kitābah*
eine Prüfung ablegen	فَعَلَ الامْتِحَان، يَفْعَل، الْفِعْل *faʿala l-i-mtiḥān, yafʿal, 'al-fiʿl*
eine Prüfung bestehen	نَجَح فِي الامْتِحَان، يَنْجَح، النَّجَاح *naǧaḥ fī l-i-mtiḥān, yanǧaḥ, 'a-n-naǧāḥ*
in einer Prüfung durchfallen	رَسَب فِي الامْتِحَان، يَرْسُب، الرُّسُوب *rasab fī l-i-mtiḥān, yarsub, 'a-r-rusūb*

Abitur	شَهَادَة ثَانَوِيَّة *šahādat ṯanawiyyah*
Zeugnis	شَهَادَة (ج شَهَادَات) *šahādah* (pl. *šahādāt*)
gute Noten bekommen	حَصَل عَلَى عَلامَات جَيِّدَة، يَحْصُل عَلَى، الْحُصُول عَلَى *ḥaṣal ᶜalā ᶜalāmāt ğayyidah, yaḥṣul ᶜalā, 'al-ḥuṣūl ᶜalā*

Das Schulsystem im arabischen Raum

Das Schulsystem in der arabischen Welt besteht aus der Grundschule *madrasah 'asāsiyyah* (in der Regel neun Jahre) und der Sekundarschule *madrasah ṯanāwiyyah* (drei Jahre). In einigen Ländern wird die Grundschule geteilt: Primärschule *madrasah 'ibtidā'iyyah* (sechs Jahre) und Vorbereitungsschule *madrasah 'iᶜdādiyyah* (drei Jahre).

In der Sekundarschule gibt es zwei Richtungen: die wissenschaftliche Sekundarschule (*ᶜilmiyy*) und die literarische Sekundarschule (*'adabiyy*). Nach bestandenen Prüfungen der Sekundarschule erhalten die Schüler ein Zertifikat der Sekundarschule (*šahādat 'a-ṯ-ṯanawiyyah l-ᶜāmmah*), oder die in manchen arabischen Ländern so genannten *šahādat 'al-bakalōriyā*. Nach der Grundschule können die Schüler auch eine Berufsausbildung (*taᶜlīm mihaniyy*) absolvieren.

الشغل
Beruf

Beruf	مِهْنَة (ج مِهَن) *mihnah* (pl. *mihan*)
Arbeit	شُغْل (ج أَشْغَال) *šuġl* (pl. *'ašġāl*)
arbeiten	اِشْتَغَل، يَشْتَغِل، الشُّغْل *'ištaġal, yaštaġil, 'a-š-šuġl*

Stellenangebot	عَرْض عَمَل (ج عُرُوض عَمَل) *ᶜarḍ ᶜamal* (pl. *ᶜurūḍ ᶜamal*)
Bewerbung	طَلَب عَمَل (ج طَلَبَات عَمَل) *ṭalab ᶜamal* (pl. *ṭalabāt ᶜamal*)
Bewerbungsunterlagen	أَوْرَاق طَلَب عَمَل *'awrāq ṭalab ᶜamal*
Lebenslauf	سِيرَة ذَاتِيَّة (ج سِيَر ذَاتِيَّة) *sīrah ḏātiyyah* (pl. *siyar ḏātiyyah*)
Vorstellungsgespräch	مُقَابَلَة (ج مُقَابَلَات) *muqābalah* (pl. *muqābalāt*)
Vollzeit arbeiten	عَمِل بِدَوَام كَامِل، يَعْمَل، الْعَمَل *ᶜamil bi-dawām kāmil, yaᶜmal, 'al-ᶜamal*
Teilzeit	دَوَام جُزْئِيّ *dawām ǧuz'iyy*
flexible Arbeitszeit	دَوَام مَرِن *dawām marin*
Gehalt	رَاتِب (ج رَوَاتِب) *rātib* (pl. *rawātib*)
Verkäufer – Verkäuferin	بَيَّاع (ج بَيَّاعِون) – بَيَّاعَة (ج بَيَّاعَات) *bayyāᶜ* (pl. *bayyāᶜūn*) – *bayyāᶜah* (pl. *bayyāᶜāt*)
Geschäft	مَحَلّ (ج مَحَلَّات) *maḥall* (pl. *maḥallāt*)
Kaufhaus	مَرْكَز تِجَارِيّ (ج مَرَاكِز تِجَارِيَّة) *markaz tiǧāriyy* (pl. *marākiz tiǧāriyyah*)
verkaufen	بَاع، يَبِيع، الْبَيْع *bāᶜ, yabīᶜ, 'al-bayᶜ*
Kunden beraten	نَصَحَ الزَّبَائِن، يَنْصَح، النَّصِيحَة *naṣaḥa z-zabā'in, yanṣaḥ, 'a-n-naṣīḥah*

Angestellter – Angestellte	مُوَظَّف (ج مُوَظَّفُون) – مُوَظَّفَة (ج مُوَظَّـفَات) *muwẓẓaf* (pl. *muwaẓẓafūn*) – *muwaẓẓafah (f.) (pl. muwaẓẓafāt)*
Büro	مَكْتَب (ج مَكَاتِب) *maktab* (pl. *makātib*)
Arzt – Ärztin	طَبِيب (ج أَطِبَّاء) – طَبِيبَة (ج طَبِيبَات) *ṭabīb* (pl. *'aṭibbā'*) – *ṭabībah* (pl. *ṭabībāt*)
Zahnarzt – Zahnärztin	طَبِيب أَسْنَان – طَبِيبَة أَسْنَان *ṭabīb 'asnān – ṭabībat 'asnān*
Krankenhaus	مُسْتَشْفَى (ج مُسْتَشْفَيَات) *mustašfā* (pl. *mustašfayāt*)
Krankenpfleger – Krankenschwester	مُمَرِّض (ج مُمَرِّضُون) – مُمَرِّضَة (ج مُمَرِّضَات) *mumarriḍ* (pl. *mumarriḍūn*) – *mumarriḍah* (pl. *mumarriḍāt*)
Architekt – Architektin	مُهَنْدِس مِعْمَارِيّ (ج مُهَنْدِسُون مِعْمَارِيُّون) – مُهَنْدِسَة مِعْمَارِية (ج مُهَنْدِسَات مِعْمَارِيَّات) *muhandis mi^{c}māriyy* (pl. *muhandisūn mi^{c}māriyyūn*) – *muhandisah mi^{c}māriyyah* (f.) (pl. *muhandisāt mi^{c}māriyyāt*)
Häuser bauen	بَنَى بِنَايَات، يَبْنِي، الْبِنَاء *banā bināyāt, yabnī, 'al-binā'*
Ingenieur – Ingenieurin	مُهَنْدِس (ج مُهَنْدِسُون) – مُهَنْدِسَة (ج مُهَنْدِسَات) *muhandis* (pl. *muhandisūn*) – *muhandisah* (f.) (pl. *muhandisāt*)
Industrieunternehmen	شَرِكَة صِنَاعِيَّة (ج شَرِكَات صِنَاعِيَّة) *šarikah ṣinā^{c}iyyah* (pl. *šarikāt ṣinā^{c}iyyah*)
Anwalt – Anwältin	مُحَامِي (ج مُحَامُون) – مُحَامِيَة (ج مُحَامِيَات) *muḥāmī* (ugs.) (pl. *muḥāmūn*) – *muḥāmiyah* (f.) (pl. *muḥāmiyāt*)

Gericht	مَحْكَمَة (ج مَحَاكِم) *maḥkamah* (pl. *maḥākim*)
Kellner – Kellnerin	نَادِل (ج نَادِلون) – نَادِلة (ج نَادِلات) *nādil* (pl. *nādilūn*) – *nādilah* (pl. *nādilāt*)
Speisen und Getränke servieren	قَدَّمَ الأَكْلات وَالْمَشْرُوبَات، يُقَدِّم، التَّقْدِيم *qaddama l-'aklāt wa l-mašrūbāt, yuqaddim, 'a-t-taqdīm*
Journalist – Journalistin	صَحَافِيّ (ج صَحَافِيُّون) – صَحَافِيَّة (ج صَحَافِيَّات) *ṣaḥāfiyy* (pl. *ṣaḥāfiyyūn*) – *ṣaḥāfiyyah* (f.) (pl. *ṣaḥāfiyyāt*)
Artikel schreiben	كَتَبَ الْمَقَال، يَكْتُب، الكِتَابَة *kataba l-maqāl, yaktub, 'al-kitābah*
Hausfrau	رَبَّة بَيْت (ج رَبَّات بُيُوت) *rabbat bayt* (pl. *rabbāt buyūt*)
sich um die Familie kümmern	تَكَفَّل بِالأُسْرَة، يَتَكَفَّل بِـ، التَّكَفُّل بِـ *takaffal bi-l-'usrah, yatakaffal bi-, 'a-t-takafful bi-*
Gärtner	جَنائِنِيّ (ج جَنائِنِيُّون) *ǧanā'iniyy* (pl. *ǧanā'iniyyūn*)
im Garten arbeiten	عَمِل فِي الْجُنَيْنَة، يَعْمَل، العَمَل *ʿamil fī l-ǧunaynah, yaʿmal, 'al-ʿamal*
Reiseverkehrskaufmann	مُوَظَّف مَكْتَب مُوَاصَلات *muwaẓẓaf maktab muwāṣalāt*
Reisebüro	مَكْتَب مُوَاصَلات (ج مَكَاتِب مُواصَلات) *maktab muwāṣalāt* (pl. *makātib muwāṣalāt*)
Automechaniker	مِيكَانِيكِيّ سَيَّارَات (ج مِيكَانِيكِيُّو سَيَّارَات) *mikanīkiyy sayyārāt* (pl. *mikanīkiyyū sayyārāt*)
Autoreparaturwerkstatt	وَرْشَة تَصْلِيح سَيَّارَات (ج وُرَش تَصْلِيح سَيَّارَات) *waršat taṣlīḥ sayyārāt* (pl. *wuraš taṣlīḥ sayyārāt*)

Bäcker	خَبَّاز (ج خَبَّازُون) *habbāz* (pl. *ḫabbāzūn*)
Brot backen	خَبَزَ الْخُبْز، يَخْبِز، الْخَبْز *ḫabaza l-ḫubz, yaḫbiz, 'al-ḫabz*
Metzger	جَزَّار (ج جَزَّارُون) *ǧazzār* (pl. *ǧazzārūn*)
Friseur – Friseurin	حَلَّاق (ج حَلَّاقُون) – حَلَّاقَة (ج حَلَّاقَات) *ḥallāq* (pl. *ḥallāqūn*) – *ḥallāqah* (pl. *ḥallāqāt*)
Friseursalon	صَالُون حِلاقَة (ج صَالُونَات حِلاقَة) *ṣālōn ḥilāqah* (pl. *ṣālōnāt ḥilāqah*)
Schuster	صَانِع أَحْذِيَة (ج صانِعُو أَحْذِيَة) *ṣāni*ᶜ *'aḥḏiyah* (pl. *ṣāni*ᶜ*ū 'aḥḏiyah*)
Schuhe reparieren	صَلَّحَ الْحِذَاء، يُصَلِّح، التَّصْلِيح *ṣallāḥa l-ḥiḏā', yuṣalliḥ, 'a-t-taṣlīḥ*
Buchhalter – Buchhalterin	مُحَاسِب (ج مُحَاسِبُون) – مُحَاسِبَة (ج مُحَاسِبَات) *muḥāsib* (pl. *muḥāsibūn*) – *muḥāsibah* (pl. *muḥāsibāt*)
Schauspieler – Schauspielerin	مُمَثِّل (ج مُمَثِّلُون) – مُمَثِّلَة (ج مُمَثِّلات) *mumaṯṯil* (pl. *mumaṯṯilūn*) – *mumaṯṯilah* (pl. *mumaṯṯilāt*)

1 Schreiben Sie die Pluralform der folgenden Nomen auf.

a. طَالِب *ṭālib* ______

b. رَاتِب *rātib* ______

c. مَكْتَب *maktab* ______

d. طَبِيب *ṭabīb* ______

2 Wer arbeitet wo? Ordnen Sie zu.

a.	بَيَّاع *bayyā*ᶜ	مَكْتَب *maktab*
b.	طَبِيب *ṭabīb*	شَرِكَة صِنَاعِيَّة *šarikah ṣināᶜiyyah*
c.	مُحَامِي (ugs.) *muḥāmī*	مَحَلّ *maḥall*
d.	مُهَنْدِس *muhandis*	مُسْتَشْفَى *mustašfā*
e.	مُوَظَّف *muwaẓẓaf*	مَحْكَمَة *maḥkamah*
f.	خَبَّاز *ḫabbāz*	مَخْبَز *maḫbaz*

3 **Finden Sie 10 Berufe (senkrecht oder waagerecht von rechts nach links) und schreiben Sie sie auf.**

بِ bi	مُ mu	جُ ğu	ا ā	خِ ḫi	ب b	ي ī	بِ bi	طَ ṭa	أَ 'a
سَ sa	حَ ḥa	ثُ tu	حَ ḥa	غَ ġa	دَ da	بِ bi	بَ ba	تُ tu	ثُ ṯu
ق q	ا ā	لَّ lla	حَ ḥa	ح ḥ	مُ mu	سُ su	يَّ yya	زِ zi	حَ ḥa
خُّ ḫḫu	سِ si	فُ fu	هُـ hu	مُ mu	خْ ḫ	كَ ka	ا ā	غْ ġ	دِ di
طِ ṭi	ب b	جِ ği	ل l	ثِّ ṯṯi	مَ ma	مُ mu	ع ʿ	قَ qa	صْ ṣ
ة h	ضَ ḍa	رِّ rri	مَ ma	مُ mu	مُ mu	هَ ha	سَ sa	طّ ṭṭ	نُ nu
كَ ka	زْ z	مُ mu	تِ ti	وَ wa	عَ ʿa	نْ n	كِ ki	فْ f	جَ ğa
تُ tu	صِ ṣi	ا ā	خُ ḫu	ظَّ ẓẓa	لِّ lli	دِ di	غُ ġu	سِ si	صْ ṣ
فِ fi	ج ğ	ظَ ẓa	نّ nn	ف f	م m	س s	هْ h	ا ā	بُ bu
دَ da	غُ ġu	بُ bu	ع c	وِ wi	نُ nu	دُ du	زْ z	لْ l	ظَ ẓa
ا ā	سِ si	قِ qi	ثْ ṯ	مُ mu	ر r	ا ā	زَّ zza	جَ ğa	جْ ğ

التواصل
Kommunikation

وسائل الإعلام
Medien

Zeitung	جَرِيدَة (ج جَرَائِد) *ǧarīdah* (pl. *ǧarā'id*)
Zeitschrift	مَجَلَّة (ج مَجَلَّات) *maǧallah* (pl. *maǧallāt*)
eine Zeitung abonnieren	اِشْـــتَرَك فِي جَرِيدَة، يَشْـــتَرِك فِي، الاِشْتِرَاك فِي *'ištarak fī ǧarīdah, yaštarik fī, 'al-i-štirāk fī*
Buch	كِتَاب (ج كُتُب) *kitāb* (pl. *kutub*)
Roman	رِوَايَة (ج رِوَايَات) *riwāyah* (pl. *riwāyāt*)
Brief	رِسَالَة (ج رَسَائِل) *risālah* (pl. *rasā'il*)
Einschreiben	بَرِيد مُسَجَّل *barīd musaǧǧal*
Luftpost	بَرِيد جَوِّيّ *barīd ǧawwiyy*
Postkarte	بِطَاقَة بَرِيدِيَّة (ج بِطَاقَات بَرِيدِيَّة) *biṭāqah barīdiyyah* (pl. *biṭāqāt barīdiyyah*)
Radio	مِذْيَاع (ج مَذَايِيع) *miḏyā*ᶜ (pl. *maḏāyī*ᶜ)
Fernsehen	تِلِفِزْيُون (ج تِلِفِزْيُونَات) *telefizyōn* (pl. *telefizyōnāt*)
Nachrichten	خَـــبَر (ج أَخْـــبَار) *ḫabar* (pl. *'aḫbār*)

Telefon	هَاتِف (ج هَوَاتِف) *hātif* (pl. *hawātif*)
Anruf	اِتِّصَال (ج اِتِّصَالات) *'ittiṣāl* (pl. *'ittiṣālāt*)
telefonieren	اِتَّصَل بِـ، يَتَّصِل بِـ، الاِتِّصَال بِـ *'ittaṣal bi-, yattaṣil bi-, 'al-i-ttiṣāl bi-*
Telefonnummer wählen	دَقّ رَقْمَ الْهَاتِف، يَدُقّ، الدَّقّ *daqq raqma l-hātif, yaduqq, 'a-d-daqq*
Pauschaltarif	سِعْر ثَابِت (ج أَسْعَار ثَابِتَة) *siʿr ṯābit* (pl. *'asʿār ṯābitah*)
Anrufbeantworter	مُجِيب آلِيّ على الْمُكَالَمَات *muǧīb 'āliyy ʿalā l-mukālamāt*
Handy	جَوَّال (ج جَوَّالات) *ǧawwāl* (pl. *ǧawwālāt*)
SMS	رِسَالة قَصِيـــرة بِالْجَوَّال (ج رِسَائل قَصِيـــرة بِالْجَوَّال) *risālah qaṣīrah bi-l-ǧawwāl* (pl. *rasā'il qaṣīrah bi-l-ǧawwāl*)
Fax	فَاكْس (ج فَاكْسَات) *fāks* (pl. *fāksāt*)
E-Mail	بَرِيد إِلِكْتُرُونِيّ *barīd 'elektrōniyy*
Wie ist deine E-Mail-Adresse?	مَا هُوَ عُنْوَان بَرِيدِكَ/بَرِيدِكِ الإِلِكْتُرُونِي؟ *mā huwa ʿunwān barīdika* (m.) / *barīdiki* (f.) *l-'elektrōniyy?*
Zugang ins Internet	إِمْكَانِيَّة دُخُول إِلَى الإِنْتَرْنِت *'imkāniyyat duḫūl 'ilā l-'intarnet*
im Internet surfen	تَصَفَّح فِي الإِنْتَرْنِت، يَتَصَفَّح، التَّصَفُّح *taṣaffaḥ fī l-'intarnet, yataṣaffaḥ, 'a-t-taṣaffuḥ*

Passwort	كَلِمَة سِرّ (ج كَلِمَات سِرّ)	*kalimat sirr* (pl. *kalimāt sirr*)
Website	مَوقِع إِنْتَرْنِت (ج مَوَاقِع إِنْتَرْنِت)	*mawqi*ᶜ *'intarnet* (pl. *mawāqi*ᶜ *'intarnet*)
Link	رَابِط (ج رَوَابِط)	*rābiṭ* (pl. *rawābiṭ*)
Chat	دَرْدَشَة (ج دَرْدَشَات)	*dardašah* (pl. *dardašāt*)
Suchmaschine	مُحَرِّك بَحْث (ج مُحَرِّكَات بَحْث)	*muḥarrik baḥṯ* (pl. *muḥarrikāt baḥṯ*)

رموز البـــريد الإلكترونـــي
E-Mail-Zeichen

@-Zeichen	عَلامَة آت	*ᶜalāmat āt*
Punkt	نُقْطَة (ج نُقَط)	*nuqṭah* (pl. *nuqaṭ*)
Schrägstrich, Slash	شَرْطَة مَائِلَة	*šarṭah mā'ilah*
negativer Schrägstrich, Backslash	شَرْطَة مَائِلَة مَعْكُوسَة	*šarṭah mā'ilah ma*ᶜ*kūsah*
Unterstrich	شَرْطَة تَحْت السَّطْر	*šarṭah taḥta s-saṭr*
minus	نَاقِص	*nāqiṣ*

الحاسوب
Computer

Computer	حَاسُوب (ج حَوَاسِيب) *ḥāsūb* (pl. *hawāsīb*)
Laptop	حَاسُوب مَحمُول (ج حَوَاسِيب مَحْمُولَة) *ḥāsūb maḥmūl* (pl. *ḥawāsīb maḥmūlah*)
hochfahren	شَغَّل، يُشَغِّل، التَّشْغِيل *šaġġal, yušaġġil, 'a-t-tašġīl*
abschalten	أَغْلَق، يُغْلِق، الإغْلاق *'aġlaq, yuġliq, 'al-'iġlāq*
Tastatur	لَوْحَة مَفَاتِيح (ج لَوْحَات مَفَاتِيح) *lawḥat mafātīḥ* (pl. *lawḥāt mafātīḥ*)
Bildschirm	شَاشَة (ج شَاشَات) *šāšah* (pl. *šāšāt*)
Compact Disc (CD)	قُرْص مُدْمَج (سِي دِي) (ج أَقْرَاص مُدْمَجَة (سِي دِيَّات)) *qurṣ mudmaǧ* (*sī dī*) (pl. *'aqrāṣ mudmaǧah* (*ṣī ḍiyyāt*))
DVD	دِي فِي دِي (ج دِي فِي دِيَّات) *dī fī dī* (Pl. *dī fī diyyāt*)
Festplatte	قُرْص صُلْب (ج أَقْرَاص صُلْبَة) *qurṣ ṣulb* (pl. *'aqrāṣ ṣulbah*)
Maus	فَأْرَة (ج فَأْرَات) *fa'rah* (pl. *fa'rāt*)
klicken	نَقَر، يَنْقُر، النَّقْر *naqar, yanqur, 'a-n-naqr*
Daten	بَيَانَات *bayānāt*
herunterladen	حَمَّل، يُحَمِّل، التَّحْمِيل *ḥammal, yuḥammil, 'a-t-taḥmīl*

eingeben	أَدْخَل، يُدْخِل، الإِدْخَال *'adẖal, yudẖil, 'al-'idẖāl*
abspeichern	نَسَخ، يَنْسَخ، النَّسْخ *nasaẖ, yansaẖ, 'a-n-nasẖ*
löschen	حَذَف، يَحْذِف، الْحَذْف *ḥaḏaf, yaḥḏif, 'al-ḥaḏf*
Datei	مِلَف (ج مِلَفَّات) *milaf* (pl. *milaffāt*)
Speicherkapazität	سَعَة تَخْزِين (ج سَعَات تَخْزِين) *saᶜat taẖzīn* (pl. *saᶜāt taẖzīn*)
Drucker	طَابِعَة (ج طَابِعَات) *ṭābiᶜah* (pl. *ṭābiᶜāt*)
Betriebssystem	نِظَام تَشْغِيل (ج أَنْظِمَة تَشْغِيل) *niẓām tašğīl* (pl. *'anẓimat tašğīl*)

تعبيرات
Redewendungen

Ist deine Mutter da?	(هَلْ) أُمُّكَ/أُمُّكِ مَوْجُودَة؟ (*hal*) *'ummuka* (m.) / *'ummuki* (f.) *mawğūdah?*
Wer ist am Apparat?	مَنْ عَلَى الْهَاتِف؟ *man ᶜalā l-hātif?*
Kann ich bitte mit dem Geschäftsführer sprechen?	(هَلْ) مُمْكِن أَنْ أَتَكَلَّم مَعَ الْمُدِير؟ *(hal) mumkin 'an 'atakallam maᶜa l-mudīr?*
Einen Augenblick bitte.	لَحْظَة لَوْ سَمَحْتَ/لَوْ سَمَحْتِ. *laḥẓah law samaḥt* (m.) / *law samaḥti* (f.).
Ich verbinde Sie.	سَأُوصِلُكَ/سَأُوصِلُكِ الآن. *sa-'ūṣiluka* (m.) / *sa-'ūṣiluki* (f.) *l-'ān.*

Bitte bleiben Sie am Apparat.	ابْقَ\ابْقَيْ على الْهَاتِف، لَوْ سَمَحْتَ\لَوْ سَمَحْتِ. *'ibqa* (m.) / *'ibqay* (f.) *ᶜalā l-hātif,* *law samaḥt* (m.) / *law samaḥti* (f.).
Er antwortet nicht.	هُوَ لا يَرُدّ. *huwa lā yarudd.*
Es ist besetzt.	الْخَطّ مَشْغُول. *'al-ḫaṭṭ mašġūl.*
Er ist nicht im Büro.	هُوَ لَيْسَ فِي الْمَكْتَب. *huwa laysa fī l-maktab.*
Könnten Sie ihn bitten, mich anzurufen?	(هَلْ) مُمْكِن أَنْ تَطْلُبِي مِنْهُ أَنْ يَتَّصِل بِي؟ (*hal*) *mumkin 'an taṭlubī* (f.) *minhu* (m.) *'an yattaṣil bī?*
Kann ich eine Nachricht hinterlassen?	(هَلْ) مُمْكِن أَنْ أَتْرُك رِسَالَة؟ *(hal) mumkin 'an 'atruk risālah?*
Möchten Sie eine Nachricht hinterlassen?	(هَلْ) تُحِبّ أَنْ تَتْرُك رِسَالَة؟ (*hal*) *tuḥibb* (m.) *'an tatruk* (m.) *risālah?* (هَلْ) تُحِبِّين أَنْ تَتْرُكِي رِسَالَة؟ (*hal*) *tūḥibbīn* (f.) *'an tatrukī* (f.) *risālah?*
Wann wird er zurück sein?	مَتَى سَيَرْجِع؟ *matā sa-yarǧiᶜ?*
Ich rufe in einer Stunde noch einmal an.	سَأَتَّصِل بَعْد سَاعَة مَرّة أُخْرَى. *sa-'attaṣil baᶜd sāᶜah marrah 'uḫrā.*
Ich kann Sie nicht verstehen.	لا أَفْهَمُكَ. \ لا أَفْهَمُكِ. *lā 'afhamuka* (m.). / *lā 'afhamuki* (f.).
Entschuldigung, ich habe mich verwählt.	عَفْواً، الرَّقْم خَطَأ. *ᶜafwan, 'a-r-raqm ḫaṭa'.*
Ich meine, dass ...	أَقْصِد أَنَّ ... *'aqṣid 'anna ...*
Ich glaube nicht, dass ...	لا أَعْتَقِد أَنَّ ... *lā 'aᶜtaqid 'anna*

mumkin = möglich und _lāzim_ = notwendig

Mit den beiden Adjektiven *mumkin* und *lāzim* lässt sich vieles ausdrücken:

mumkin wird gebraucht im Sinne von „dürfen“, „können“ und „haben können“:

mumkin ...?	Darf man ...? / Kann man ...?
mumkin qalam?	Kann ich (wörtlich: man) einen Stift haben?
mumkin 'an tadḫulū.	Ihr dürft reinkommen.

lāzim wird gebraucht im Sinne von „sollen“, „müssen“ und „haben müssen“:

lazim ...?	Muss man ...? / Soll man ...?
lazim ḥammām?	Musst du (wörtlich: muss man) aufs Klo?
lazim 'an narūḥ.	Wir müssen gehen.

In der Umgangssprache verneint *muš* alle Adjektive: *muš mumkin* = „nicht möglich / man kann nicht / man darf nicht / man kann nicht haben“; *muš lāzim* = „nicht notwendig / unnötig / man muss nicht / man sollte nicht / man muss nicht haben“.

Meiner Meinung nach ...	بِرَأْيِي ... *bi-ra'yī ...*
Was meinst du?	مَا رَأْيُكَ\رَأْيُكِ؟ *mā ra'yuka* (m.) / *ra'yuki* (f.)?
Das ist OK.	هَذَا تَمَام. *hāḏā tamām* (ugs.).
Bist du einverstanden?	(هَلْ) أَنْتَ مُوَافِق؟ \ (هَلْ) أَنْتِ مُوَافِقَة؟ (*hal*) *'anta muwāfiq* (m.)? / (*hal*) *'anti* (f.) *muwāfiqah* (f.)?
Ich bin einverstanden.	أَنَا مُوَافِق\مُوَافِقَة. *'anā muwāfiq* (m.) / *muwāfiqah* (f.).
Ich stimme nicht mit dir überein.	أَنَا لَا أَتَّفِق مَعَكَ\مَعَكِ. *'anā lā 'attafiq maᶜaka* (m.) / *maᶜaki* (f.).
Hast du Zweifel?	(هَلْ) عِنْدَكَ\عِنْدَكِ شَكّ؟ (*hal*) *ᶜindaka* (m.) / *ᶜindaki* (f.) *šakk?*
einen Vorschlag ablehnen	رَفَضَ الاقْتِرَاح، يَرْفُض، الرَّفْض *rafaḍa l-i-qtirāḥ, yarfuḍ, 'a-r-rafḍ*

akzeptieren	قَبِل، يَقْبَل، القَبُول *qabil, yaqbal, 'al-qabūl*
über etwas nachdenken	فَكَّر فِي شَيْء، يُفَكِّر فِي، التَّفْكِير فِي *fakkar fī šay', yufakkir fī, 'a-t-tafkīr fī*
kurz …	قَلِيلاً … *qalīlan …*
Hörst du mir überhaupt zu?	(هَلْ) تَسْتَمِع\تَسْتَمِعِين إِلَيَّ أَمْ لا؟ (*hal*) *tastami*ᶜ (m.) / *tastami*ᶜ*īn* (f.) *'ilayya 'am lā?*
Ich habe das nicht verstanden.	مَا فَهِمْتُ هَذَا. *mā fahimtu hāḏā!*
Könnten Sie das wiederholen?	(هَلْ) مُمْكِن أَنْ تُكَرِّر\تُكَرِّرِي مَرَّة ثَانِيَة؟ (*hal*) *mumkin 'an tukarrir* (m.) / *tukarrirī* (f.) *marrah ṯāniyah?*
Ich habe ein Problem.	عِنْدِي مُشْكِلَة. ᶜ*indī muškilah.*
Haben Sie eine Idee?	هَل عِنْدَكَ\عِنْدَكِ فِكْرَة؟ *hal* ᶜ*indaka* (m.) /ᶜ*indaki* (f.) *fikrah?*
Was willst du damit sagen?	مَاذَا تَقْصِد\تَقْصِدِين بِهَذَا؟ *māḏā taqṣid* (m.) / *taqṣidīn* (f.) *bi-hāḏā?*
Das bedeutet, dass …	هَذَا يَعْنِي أَنَّ … *hāḏā ya*ᶜ*nī 'anna …*
Sprechen Sie bitte etwas lauter!	تَكَلَّمْ\تَكَلَّمِي بِصَوْت أَعْلَى لَوْ سَمَحْتَ\لَوْ سَمَحْتِ! *takallam* (m.) / *takallamī bi-ṣawt 'a*ᶜ*lā law samaḥt* (m.) / *law samaḥti* (f.)!
leiser	بِصَوْت أَخْفَض *bi-ṣawt 'aḫfaḍ*
deutlicher	بِشَكْل أَوْضَح *bi-šakl 'awḍaḥ*
langsamer	بِشَكْل أَبْطَأ *bi-šakl 'abṭa'*

1 **Lösen Sie das Kreuzworträtsel mithilfe folgender Hinweise und schreiben Sie das Lösungswort auf.**

a. ein gedrucktes Medium, das vor allem aktuelle Nachrichten veröffentlicht

b. Plural von „Computer“

c. ein fest gebundenes Druckwerk

d. „Daten“

e. ein Schreiben, das per Post transportiert wird

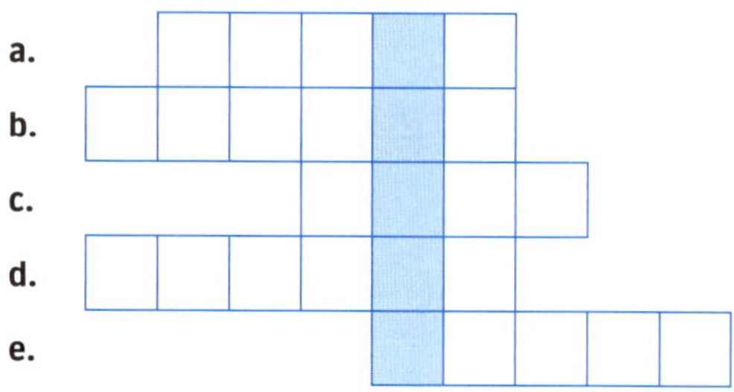

Lösungswort: ______________________________

2 **Nummerieren Sie den Dialog in der richtigen Reihenfolge.**

____ هَل سَيَــرْجِع؟
hal sa-yarǧiᶜ?

____ لا، هُوَ لَيْسَ فِــي الْــمَكْتَب.
lā, huwa laysa fī-maktab.

____ هَلْ أَنْتِ السَّكِرْتِيــرَة؟
hal 'anti s-sekertērah?

___ لا، شُكْراً. سَأَتَّصِل بَعْدَ سَاعَة مَرَّة أُخْرَى.
lā, šukran. sa-'attaṣil ba^{c}da sā^{c}ah marrah 'uḫrā.

1 ___ هَلِ الْـمُدِير مَوْجُود؟
hali l-mudīr mawǧūd?

___ نَعَم، هَلْ تُـحِبّ أَنْ تَتْرُك رِسَالَة؟
na^{c}am, hal tuḥibb 'an tatruk risālah.

___ نَعَم، الْـمُدِير سَـيَـرْجِع بَعْد سَاعَة.
na^{c}am, 'al-mudīr sa-yarǧi^c ba^{c}d sā^{c}ah.

3 Ordnen Sie die folgenden Verben den Begriffen "die Datei", "im Internet", "die Telefonnummer" und "der Rechner" zu. Schreiben Sie sie auf die Linien.

تَصَفَّح *taṣaffaḥ*	حَذَف *ḥaḏaf*	شَغَّل *šaġġal*	نَسَخ *nasaḫ*	اِشْتَرَك *'ištarak*
نَقَل *naqal*	دَقّ *daqq*	حَمَّل *ḥammal*	أَغْلَق *'aġlaq*	

___ ___
الْـمِلَفّ
'al-milaff
___ ___

___ ___
فِـي الإِنْتَرْنِت
fī l-'internet

___
رَقْمَ الْـهَاتِف
raqma l-hātif

___ ___
الْحَاسُوب
'al-ḥāsūb

وقت الفراغ
Freizeit

العطلة \ الإجازة
Ferien / Urlaub

Ferien / Urlaub	عُطْلَة (ج عُطَل) \ إجَازَة (ج إجَازَات) *ᶜuṭlah* (pl. *ᶜuṭal*) / *'iǧāzah* (pl. *'iǧāzāt*)
Sommerurlaub	إجَازَةُ الصَّيْف *'iǧāzatu ṣ-ṣayf*
Hauptsaison	مَوْسِم عالِي (ج مَواسِم عَالِيَة) *mawsim ᶜalī* (ugs.) (pl. *mawāsim ᶜāliyah*)
Nebensaison	مَوْسِم مُنْخَفِض (ج مَوَاسِم مُنْخَفِضَة) *mawsim munḫafiḍ* (pl. *mawāsim munḫafiḍah*)
Feiertag	يَوْم عُطْلَة (ج أَيَّام عُطْلَة) *yawm ᶜuṭlah* (pl. *'ayyām ᶜuṭlah*)

التخطيط لوقت الفراغ
Freizeitgestaltung

lesen	قَرَأ، يَقْرَأ، الْقِرَاءَة *qara', yaqra', 'al-qirā'ah*
Ich lese gern.	أُحِبُّ الْقِرَاءَة. *'uḥibbu l-qirā'ah.*
Roman	رِوَايَة (ج رِوَايَات) *riwāyah* (pl. *riwāyāt*)
Krimi	رِوَايَة بُولِيسِيَّة (ج رِوَايَات بُولِيسِيَّة) *riwāyah būlīsiyyah* (pl. *riwāyāt būlīsiyyah*)
Musik hören	سَمِع مُوسِيقَى، يَسْمَع، السَّمَاع *samiᶜ mūsīqā, yasmaᶜ, 'a-s-samāᶜ*

Ich höre lieber Musik.	أفضّل سَماعَ الْموسِيقى. *'ufaḍḍil samāᶜa l-mūsīqā.*
fernsehen	شاهَدَ التِّلفِزْيون، يُشاهِد، الْمُشاهَدة *šāhada t-telefizyōn, yušāhid, 'al-mušāhadah*
Wasserpfeife rauchen	دَخَّنَ الأَرْكِيلَة/الشِّيشَة، يُدَخِّن، التَّدْخِين *daḫḫana l-'arkīlah/'a-š-šīšah, yudaḫḫin, 'a-t-tadḫīn*
Rad fahren	ساقَ الدَّرّاجَة، يَسُوق، السِّوَاقة *sāqa d-darrāǧah, yasūq, 'a-s-siwāqah*
Rollschuh laufen	مَشَى بِـحِذاء عَجَلات، يَمْشِي، الْمَشْي *mašā bi-ḥiḏā' ᶜaǧalāt, yamšī, 'al-mašy*
Fußball spielen	لَعِب كُرَة قَدَم، يَلْعَب، اللَّعِب *laᶜib kurat qadam, yalᶜab, 'al-laᶜib*
Fußballstadion	مَلْعَب كُرَة قَدَم (ج مَلاعِب كُرَة قَدَم) *malᶜab kurat qadam* (pl. *malāᶜib kurat qadam*)
Handball	كُرَة يَد (ج كُرات يَد) *kurat yad* (pl. *kurāt yad*)
Tischtennis	كُرَة طاوِلَة *kurat ṭāwilah*
joggen	رَكَض بِبُطْء، يَرْكُض، الرَّكْض *rakaḍ bi-buṭ', yarkuḍ, 'a-r-rakḍ*
spazieren gehen	تَمَشَّى، يَتَمَشَّى، التَّمَشِّي *tamaššā, yatamaššā, 'a-t-tamaššī*
wandern	تَجَوَّل، يَتَجَوَّل، التَّجَوُّل *taǧawwal, yataǧawwal, 'a-t-taǧawwul*
einen Ausflug machen	ذَهَب فِي جَوْلَة، يَذْهَب، الذَّهاب *ḏahab fī ǧawlah, yaḏhab, 'a-ḏ-ḏahāb*
segeln	أَبْحَر، يُبْحِر، الإِبْحار *'abḥar, yubḥir, 'al-'ibḥār*

rudern	جَدَّف ، يُجَدِّف ، التَّجْدِيف *ǧaddaf, yuǧaddif, 'a-t-taǧdīf*
ins Fitness-Studio gehen	ذَهب إِلَى مَحَلِّ الرِّيَاضَة، يَذْهَب، الذَّهَاب *ḏahab 'ilā maḥalli r-riyāḍah, yaḏhab, 'a-ḏ-ḏahāb*
Aerobic	تَمْرِين رِيَاضِة (ج تَمَارِين رِيَاضَة) *tamrīn riyāḍah* (pl. *tamārīn riyāḍah*)
handarbeiten	عَمِل بِالْيَد، يَعْمَل، الْعَمَل *ᶜamil bi-l-yad, yaᶜmal, 'al-ᶜamal*
nähen	خَيَّط، يُخَيِّط، الْخِيَاطَة *ḫayyaṭ, yuḫayyiṭ, 'al-ḫiyāṭah*
malen	رَسَم، يَرْسُم، الرَّسْم *rasam, yarsum, 'a-r-rasm*
Bild	صُورَة (ج صُوَر) *ṣūrah* (pl. *ṣuwar*)
mit Freunden ausgehen	خَرَج مَعَ الأَصْدِقَاء، يَخْرُج، الْخُرُوج *ḫaraǧ maᶜa l-'aṣdiqā', yaḫruǧ, 'al-ḫurūǧ*
tanzen	رَقَص، يَرْقُص، الرَّقْص *raqaṣ, yarquṣ, 'a-r-raqṣ*
Diskothek	مَرْقَص (ج مَرَاقِص) *marqaṣ* (pl. *marāqiṣ*)
ins Theater gehen	رَاح إِلَى الْمَسْرَح، يَرُوح، الرَّوَاح *rāḥ 'ilā l-masraḥ, yarūḥ, 'a-r-rawāḥ*
Kino	سِينِمَا (ج سِنِمَاهَات) *sinemā* (pl. *sinemāhāt*)
Konzert	حَفْلَة مُوسِيقِيَّة (ج حَفْلات مُوسِيقِيَّة) *ḥaflah mūsīqiyyah* (pl. *ḥaflāt mūsīqiyyah*)
Oper	أُوبِيرا *'obērā*

Museum	مَتْحَف (ج مَتَاحِف) *mathaf* (pl. *matāḥif*)
Ausstellung	مَعْرِض (ج مَعَارِض) *ma*ᶜ*riḍ* (pl. *ma*ᶜ*āriḍ*)
schwimmen	سَبَح، يَسْبَح، السِّبَاحَة *sabaḥ, yasbaḥ, 'a-s-sibāḥah*
See	بُحَيْرَة (ج بُحَيْرَات) *buḥayrah* (pl. *buḥayrāt*)
Meer	بَحْر (ج بُحُور) *baḥr* (pl. *buḥūr*)
Strand	شَاطِئ (ج شَوَاطِئ) *šāṭi'* (pl. *šawāṭi'*)
Muscheln sammeln	جَمَعَ القَوَاقِع، يَجْمَع، الْجَمْع *ǧama*ᶜ*a l-qawāqi*ᶜ*, yaǧma*ᶜ*, 'al-ǧam*ᶜ
ein Sonnenbad nehmen	تَشَمَّس، يتَشَمَّس، التَّشَمُّس *tašammas, yatašammas, 'a-t-tašammus*
reisen	سَافَر، يُسَافِر، السَّفَر *sāfar, yusāfir, 'a-s-safar*
eine Reise machen	ذَهَب فِي رِحْلَة، يَذْهَب، الذَّهَاب *ḏahab fī riḥlah, yaḏhab, 'a-ḏ-ḏahāb*
Kreuzfahrt	رِحْلَة مُتَقَطِّعَة بِالسَّفِينَة *riḥlah mutaqaṭṭi*ᶜ*ah bi-s-safīnah*

أعياد
Feste

Geburtstag	عِيد مِيلاد (ج أَعْيَاد مِيلاد) ᶜ*īd milād* (pl. *'a*ᶜ*yād milād*)
Herzlichen Glückwunsch!	مَبْرُوك! *mabrūk!*

Herzlichen Glückwunsch zum Geburtstag!	عِيد مِيلاد سَعِيد *ʿīd mīlād saʿīd!*
Hochzeit	عُرْس (ج أَعْرَاس) *ʿurs* (pl. *'aʿrās*)
Hochzeitstag	يَوْم زَوَاج (ج أَيَّام زَوَاج) *yawm zawāǧ* (pl. *'ayyām zawāǧ*)
Jubiläum	ذِكْرَى سَنَوِيَّة *ḏikrā sanawiyyah*
Weihnachten	عِيدُ الْمِيلَاد (ج أَعْيَادُ الْمِيلاد) *ʿīdu l-mīlād* (pl. *'aʿyādu l-mīlād*)
Frohe Weihnachten!	عِيد مِيلاد سَعِيد! *ʿīd mīlād saʿīd!*
Geschenk	هَدِيَّة (ج هَدَايَا) *hadiyyah* (pl. *hadāyā*)
schenken	أَهْدَى، يُهْدِي، الإِهْدَاء *'ahdā, yuhdī, 'al-'ihdā'*
Silvester	لَيْلَة رَأْسِ السَّنَة *laylat ra'si s-sanah*
Ein gutes neues Jahr!	كُلّ عَام وَأَنْتُم بِخَيْر! *kull ʿām wa 'antum bi-ẖayr!*
Ostern	عِيدُ الْفِصْح (ج أَعْيَادُ الفِصْح) *ʿīdu l-fiṣḥ* (pl. *'aʿyādu l-fiṣḥ*)
Fastenbrechenfest, Zuckerfest	عِيدُ الْفِطْر (ج أَعْيَادُ الْفِطْر) *ʿīdu l-fiṭr* (pl.*'aʿyādu l-fiṭr*)
Opferfest	عِيدُ الأَضْحَى (ج أَعْيَادُ الأَضْحَى) *ʿīdu l-'aḍḥā* (pl.*'aʿyādu l-'aḍḥā*)
Freunde einladen	دَعَا أَصْدِقَاء، يَدْعُو، الدَّعْوَة *daʿā 'aṣdiqā', yadʿū, 'a-d-daʿwah*

eine Grillparty veranstalten	نَظَّم حَفْلَة شَوْي، يُنَظِّم، التَّنْظِيم *naẓẓam ḥaflat šawy* (ugs.), *yunaẓẓim, 'a-t-tanẓīm*
Gast	ضَيْف (ج ضُيُوف) *ḍayf* (pl. *ḍuyūf*)
Gastgeber	مُضِيف (ج مُضِيفُون) *muḍīf* (pl. *muḍīfūn*)
Gastgeberin	مُضِيفَة (ج مُضِيفَات) *muḍīfah* (pl. *muḍīfāt*)

أطيب المنى
Gute Wünsche

Viel Spaß!	اِسْتَمْتِع بِوَقْتِك! *'istamti^{c}* (m.) *bi-waqtika* (m.)! اِسْتَمْتِعي بِوَقْتِك! *'istamti^{c}ī* (f.) *bi-waqtiki* (f.)! اِسْتَمْتِعوا بِوَقْتِكُم! *'istamti^{c}ū* (pl.) *bi-waqtikum* (pl.)!
Gute Reise!	رِحْلَة سَعِيدَة! *riḥlah sa^{c}īdah*
Viel Glück!	بِالتَّوْفِيق! *bi-t-tawfīq*

1 Streichen Sie durch, was nicht passt.

a.	مَرْقَص *marqaṣ*	سِينِمَا *sinemā*	صُورَة *ṣūrah*	حَفْلَة مُوسِيقِيَّة *ḥaflah mūsīqiyyah*
b.	يَوْم عُطْلَة *yawm ᶜuṭlah*	لُعْبَة فِيدْيُو *luᶜbat fīdyō*	عُطْلَة *ᶜuṭlah*	إِجَازَةُ الصَّيْف *'iǧāzatu ṣ-ṣayf*
c.	بُحَيْرَة *buḥayrah*	شَاطِئ *šāṭi'*	بَحْر *baḥr*	عِيد مِيلَاد *ᶜīd mīlād*
d.	هَدِيَّة *hadiyyah*	مَبْرُوك *mabrūk*	رِحْلَة سَعِيدَة *riḥlah saᶜīdah*	بِالتَّوْفِيق *bi-t-tawfīq*

2 Unterstreichen Sie die richtige Schreibweise. (Die Wörter sind ohne Vokalisierung und ohne Umschrift.)

a.	مضيفة	مض يفة	مضيفـ ـة	مضيف ة
b.	مت حف	م تـحف	متحف	متح ف
c.	بـحي رة	بـح يـرة	بـحيـرة	بـحيـرـة
d.	مـ عرض	مع رض	م عرض	معرض

3 **Ordnen Sie die Wörter den Themen „Sport“ und „Erholungsurlaub“ zu.**

حِذَاء تَزَلُّج *ḥiḏā' tazalluǧ*	كُرَة قَدَم *kurat qadam*	رِوَايَة *riwāyah*	التَّشَمُّس *'a-t-tašammus*
مُوسِيقَى *mūsīqā*	الرَّكْض *'a-r-rakḍ*	تَمْرِين رِيَاضَة *tamrīn riyāḍah*	شَاطِئ *šāṭi'*
القِرَاءَة *'al-qirā'ah*	رِحْلَة *riḥlah*	جَوْلَة *ǧawlah*	مَحَلّ رِيَاضَة *maḥāll riyāḍah*
كُرَة طَاوِلَة *kurat ṭāwilah*	دَرَّاجَة *darrāǧah*	تِلِفِزْيُون *telefizyōn*	السَّفَر *'a-s-safar*
		التَّجْدِيف *'a-t-taǧdīf*	مَتْحَف *matḥaf*

Sport	Erholungsurlaub
______	______
______	______
______	______
______	______
______	______
______	______
______	______
______	______
	______
	______

المطعم
Restaurant

Restaurant	مَطْعَم (ج مَطَاعِم) *maṭᶜam* (pl. *maṭāᶜim*)

تعبيرات
Redewendungen

Ich möchte einen Tisch reservieren.	أُحِبّ أَنْ أَحْجِز طَاوِلَة. *'uḥibb 'an 'aḥǧiz ṭāwilah.*
für zwei Personen	لِشَخْصَيْن *li-šaḫṣayn*
für zwanzig Uhr	لِلسَّاعَة الثَّامِنَة فِي الْمَسَاء *li-s-sāᶜah t-tāminah fī l-masā'*

Uhrzeit

Im arabischen Raum verwendet man für die Angabe der Uhrzeit meist nicht die 24-Stunden-Zählung, sondern eine 12-Stunden-Zählung. „Zwanzig Uhr" ist also acht Uhr abends: *'a-s-sāᶜah t-taminah fī l-masā'* (wörtlich: „die Stunde die achte am Abend"). Und acht Uhr morgens heißt *'a-s-sāᶜah t-taminah fī ṣ-ṣabāḥ* (wörtlich: „die Stunde die achte am Morgen").

Bringen Sie uns bitte die Speisekarte.	أَعْطِنَا\أَعْطِينَا قَائِمَةَ الأَكْل لَوْ سَمَحْت\لَوْ سَمَحْتِ. *'aᶜṭinā* (m.) / *'aᶜṭīnā* (f.) *qā'imata l-'akl law samaḥt* (m.) / *law samaḥti* (f.).
Guten Appetit!	صِحَّة! *ṣiḥḥah*
Bringen Sie mir bitte ein Bier.	أَعْطِنِي\أَعْطِينِي بِيرَة لَوْ سَمَحْت\لَوْ سَمَحْتِ. *'aᶜṭinī* (m.) / *'aᶜṭīnī* (f.) *bīrah law samaḥt* (m.) / *law samaḥti* (f.).

Noch etwas Brot, bitte.	قَلِيلاً مِنَ الْخُبْز أَكْثَر لَوْ سَمَحْتَ/لَوْ سَمَحْتِ. *qalīlan mina l-ḫubz 'akṯar law samaḥt* (m.) / *law samaḥti* (f.).
Noch ein Bier, bitte.	بِيـــرَة مَرَّة أُخْرَى لَوْ سَمَحْتَ/لَوْ سَمَحْتِ. *bīrah marrah 'uḫrā law samaḥt* (m.) / *law samaḥti* (f.).
Die Rechnung, bitte.	الْحِسَاب لَوْ سَمَحْتَ/لَوْ سَمَحْتِ. *'al-ḥisāb law samaḥt* (m.) / *law samaḥti* (f.)

***lāzim 'aᶜṭī baqšīš?* (ugs.) = Sollte ich Trinkgeld geben?**

Ob in Restaurants, Hotels oder manchmal auch auf Flughäfen, in Zoos und sogar in Taxis wird man vor allem von den einfachen Dienstleistern gebeten, Trinkgeld (*baqšīš* bzw. *'ikrāmiyyah*) zu geben. In den arabischen Ländern ist dies üblich und nicht nur in den armen Ländern (*'al-buldān 'al-faqīrah*) verbreitet, sondern auch in den reichen (*'al-buldān 'al-ġaniyyah*) zu erleben. Trinkgeld bezahlt man nicht mit Karte (*bi-l-biṭāqah*), sondern bar (*naqdan*).

وجبات الطعام
Mahlzeiten

Frühstück	فَطُور *faṭūr*
frühstücken	فَطَر، يَفْطُر، الفِطْر *faṭar, yafṭur, 'al-fiṭr*

Mittagessen	غَدَاء	*ġadā'*
zu Mittag essen	تَغَدَّى، يَتَغَدَّى، التَّغَدِّي	*taġaddā, yataġaddā, 'a-t-taġaddī*
Abendessen	عَشَاء	*ʿašā'*
zu Abend essen	تَعَشَّى، يَتَعَشَّى، التَّعَشِّي	*taʿaššā, yataʿaššā, 'a-t-taʿaššī*
Zwischenmahlzeit	وجْبَة خَفِيفَة	*waǧbah ḫafīfah*
eine Zwischenmahlzeit einnehmen	تَنَاوَل وَجْبَة خَفِيفَة، يَتَنَاوَل، التَّنَاوُل	*tanāwal waǧbah ḫafīfah, yatanāwal, 'a-t-tanāwul*
essen	أَكَل، يَأْكُل، الأَكْل	*'akal, ya'kul, 'al-'akl*
trinken	شَرِب، يَشْرَب، الشُّرْب	*šarib, yašrab, 'a-š-šurb*

طبخات و أكلات
Gerichte

Tagesmenü	وَجْـبَـةُ الْيَوْم (ج وَجْـبَاتُ الْيَوْم)	*waǧbatu l-yawm* (pl. *waǧbātu l-yawm*)
drei Gänge	ثَلاث مَرَاحِل	*ṯalāṯ marāḥil*
Vorspeise	مُقَبِّلات	*muqabbilāt*
Hauptgericht	وَجْبَة رَئِيسِيَّة	*waǧbah ra'īsiyyah*
Nachspeise	حَلْوَى (ج حَلَوِيَّات)	*ḥalwā* (pl. *ḥalawiyyāt*)

gemischter Salat	سَلَطَة *salaṭah*
Tomatensalat	سَلَطَة طَمَاطِم *salṭat ṭamāṭim*
Kichererbsenmus	حُمُّص *ḥummuṣ*
Suppe	شُرْبَة *šūrbah*
Die Suppe ist versalzen.	فِي الشُّرْبَة مِلْح كَثِير. *fī š-šurbah milḥ kaṯīr.*
Fleischbrühe	شُرْبَة خُضَار بِاللَّحْم *šurbat ḫuḍār bi-l-laḥm*
Fleisch	لَحْمَة (ج لَحْم) *laḥmah* (pl. *laḥm*)
Schweinebraten	لَحْم خِنْزِير مَشْوِيّ أَوْ مَقْلِيّ *laḥm ḫinzīr mašwiyy 'aw maqliyy*
Kotelett	قِطْعَة لَحْم مَعَ عَظْم *qiṭᶜat laḥm maᶜa ᶜaẓm*
Schnitzel	شَرِيحَة لَحْم بِدُون عَظْم *šarīḥat laḥm bi-dūn ᶜaẓm*
Putenschnitzel	شَرِيحة لَحْم ديك رُومِيّ *šarīḥat laḥm dīk rūmiyy*
Brathähnchen	دَجَاج مَقْلِيّ أَوْ مَشْوِيّ *daǧāǧ maqliyy 'aw mašwiyy*
Beilagen	مُلْحَقات *mulḥaqāt*
gekochte Kartoffeln	بَطَاطَا مَسْلُوقَة *baṭāṭā maslūqah*

Pommes Frites	بطَاطَا مَقْلِيَّة	*baṭāṭā maqliyyah*
Bratkartoffeln	بطَاطَا مَسْلُوقَة وَ مَقْلِيَّة	*baṭāṭā maslūqah wa maqliyyah*
Reis	رُزّ	*ruzz*
Nudeln	مَكَرُونَة	*makarōnah*
Bohnen	فَاصُولِيَا	*fāṣūliyā*
Saubohnen	فُول	*fūl*
Tomatensoße	صَلْصَة طَمَاطِم	*ṣalṣat ṭamāṭim*
Bratensoße	مَرَقَة لَحْم (ج مَرَق لَحْم)	*maraqat laḥm* (pl. *maraq laḥm*)
Fisch	سَمَكَة (ج سَمَك)	*samakah* (pl. *samak*)
gebratener Fisch	سَمَك مَقْلِيّ أَوْ مَشْوِيّ	*samak maqliyy 'aw mašwiyy*
gegrillter Fisch	سَمَك مَشْوِيّ	*samak mašwiyy*
Spiegelei	بَيْض عُيُون مَقْلِيّ	*bayḍ ᶜuyūn maqliyy*
Rührei	بَيْض مَخْفُوق مَقْلِيّ	*bayḍ maḫfūq maqliyy*
Speiseeis	بُوظَة	*būẓah*

Schokoladeneis	بُوظَة بِالشُّوكُولاتَه *būẓah bi-š-šōkōlātah*
Karamellpudding	مُحَلَّبِيَّة *muḥallabiyyah*
Obstsalat	سَلَطَة فَوَاكِه *salaṭat fawākih*

Arabische Spezialitäten

فَلافِل
falāfil
gebratene Bällchen aus Kichererbsenmus oder Bohnen

طَعْمِيَّة
ṭaᶜmiyyah
gebratene Bällchen aus Bohnen mit Kräutern (Ägypten)

شَاوَرْما
šāwarmā
gebratene Lamm- oder Putenstreifen in Brot

مَقْلُوبَة
maqlūbah
Hühnchen oder Lamm mit Reis und Joghurt (Jordanien und Südsyrien)

كَبْسَة
kabsah
Hühnchen oder Lamm mit Reis und speziellen Gewürzen (Golfstaaten)

مَنْدِي
mandī
Hühnchen oder Lamm mit Basmati-Reis und speziellen Gewürzen, auf Holzkohle in einem Erdloch gekocht (Jemen)

كُوسكُوس
kuskus
Couscous (Weizengrieß) mit Fleisch und/oder Gemüse (Nordafrika)

كَبَاب
kabāb
gegrillter Lammspieß

شِيش طَاوُوق
šīš ṭāwūq
gegrillte Hühnchenspieße (Syrien, Libanon)

كُفْتَة
kuftah
Fleisch- oder Hühnchenbällchen

المشروبات
Getränke

Mineralwasser	مَاء مَعْدِنِيّ *mā' maᶜdiniyy*
Coca-Cola	كُوكَا كُولا *kōkā kōlā*
Obstsaft	عَصِير فَوَاكِه (ج عَصَائِر فَوَاكِه) *ᶜaṣīr fawākih* (pl. *ᶜaṣā'ir fawākih*)
Apfelsaft	عَصِير تُفَّاح *ᶜaṣīr tuffāḥ*
Orangensaft	عَصِير بُرْتُقَال *ᶜaṣīr burtuqāl*
Limonade	عَصِير لَيْمُون *ᶜaṣīr laymūn*
Bier	بِيرَة *bīrah*
Rotwein	نَبِيذ أَحْمَر *nabīḏ 'aḥmar*
Weißwein	نَبِيذ أَبْيَض *nabīḏ 'abyaḍ*
Alkohol	الْكُحُول *'al-kuḥūl*
Kaffee	قَهْوَة *qahwah*
mit Milch	مَعَ حَلِيب *maᶜa ḥalīb*
ohne Zucker	بِدُون سُكَّر *bi-dūn sukkar*

المائدة
Gedeckter Tisch

Teller	صَحْن (ج صُحُون) *ṣaḥn* (pl. *ṣuḥūn*)
Glas	كَأْس (ج كُؤُوس) *ka's* (pl. *ku'ūs*)
Tasse	فِنْجَان (ج فَنَاجِين) *finǧān* (pl. *fanāǧīn*)
Untertasse	صَحْن لِلْفِنْجَان (ج صُحُون لِلْفَنَاجِين) *ṣaḥn li-l-finǧān* (pl. *ṣuḥūn li-l-fanāǧīn*)
Schüssel	زُبْدِيَّة (ج زُبْدِيَّات) *zubdiyyah* (pl. *zubdiyyāt*)
Besteck	مَلاعِق وَسَكَاكِين وَأَشْوَاك *malā^{c}iq wa sakākīn wa 'ašwāk*
Messer	سِكِّين (ج سَكَاكِين) *sikkīn* (pl. *sakākīn*)
Gabel	شَوْكَة (ج أَشْوَاك) *šawkah* (pl. *'ašwāk*)
Löffel	مِلْعَقَة (ج مَلاعِق) *mil^{c}aqah* (pl. *malā^{c}iq*)
Suppenlöffel	مِلْعَقَة شُرْبَة (ج مَلاعِق شُرْبَة) *mil^{c}aqat šurbah* (pl. *malā^{c}iq šurbah*)
Teelöffel	مِلْعَقَة شَاي (ج مَلاعِق شَاي) *mil^{c}aqat šāy* (pl. *malā^{c}iq šāy*)
Serviette	مِنْدِيل أَكْل (ج مَنَادِيل أَكْل) *mindīl 'akl* (pl. *manādīl 'akl*)
Tischdecke	غِطَاء طَاوِلَة (ج أَغْطِيَة طَاوِلات) *ġiṭā' ṭāwilah* (pl. *'aġṭiyat ṭāwilāt*)

Salz	مِلْح (ج أَمْلاح) *milḥ* (pl. *'amlāḥ*)
Pfeffer	فِلْفِل *filfil*
Essig	خَلّ *ḫall*
Öl	زَيْت (ج زُيُوت) *zayt* (pl. *zuyūt*)

***maḥšī kūsā* (ugs.) = Gefüllte Zucchini** (Rezept für vier Personen)

***'al-mukawwināt* = Zutaten**

- *kīlō kusā ḥağm mutawassiṭ* ein Kilo Zucchini mittlerer Größe
- *niṣf kīlō laḥm mafrūm (maṯalan: laḥm baqar)* ein halbes Kilo Hackfleisch (z.B. Rindfleisch)
- *baṣalatyan'aw ṯalāṯ baṣalāt kabīrah* 2-3 große Zwiebeln
- *ṯalāṯat 'aw 'arba^{c}at fuṣūṣ ṯawm* 3-4 Knoblauchzehen
- *ṣalṣah* bzw. *rabb banadūrah* Tomatenmark
- *ṭamāṭim kabīrah* 2-3 große Tomaten
- *filfil 'aḫdar* bzw. *fulayfilah* 2 große Paprika
- *baqdūnis* frische Petersilie
- *kazbarah* frischer Koriander
- *niṣf mil^{c}aqah filfil 'aswad masḥūq* ½ Esslöffel gemahlener Pfeffer
- *niṣf mil^{c}aqah kammūn* ½ Esslöffel Kreuzkümmel
- Salz und Gewürze nach Belieben
- *mā'* Wasser

***'a-t-taḥḍīr* = Zubereitung**

Von den Zucchini die Spitzen abschneiden und das Fruchtfleisch vorsichtig herausholen. Zwiebeln und Knoblauchzehen in kleine Stücke schneiden und in Öl dünsten. Tomaten und Paprika in Stücke schneiden und zusammen mit Petersilie und Koriander in die Pfanne geben. Tomatenmark hinzufügen und weiter schmoren lassen. Salzen und mit den Gewürzen abschmecken. Es ergibt sich eine Gemüsemischung.
Hackfleisch ebenfalls in Öl anbraten und abschmecken, mit einem kleinen Teil der Gemüsemischung vermengen und in die ausgehöhlten Zucchini füllen. Den restlichen Teil der Gemüsemischung zusammen mit den gefüllten Zucchini in einen Kochtopf geben und mit etwas Wasser aufkochen lassen bis alles gar ist.

Die gefüllten Zucchini können mit Reis gegessen oder einfach mit Baguette serviert werden.

Guten Appetit! *ṣiḥḥah!*

1 **Vervollständigen Sie die Wörter mit den fehlenden Buchstaben (ohne Vokalisierung und ohne Umschrift).**

a. فـ ______ ـور

b. عـشـ ______ ء

c. ______ ـداء

d. شـ ______ بة

2 **Nummerieren Sie den Dialog in der richtigen Reihenfolge.**

______ فِي الشُّرْبَة مِلْح كَثِير. أَعْطِنَا شُرْبَة أُخْرَى لَوْ سَمَحْت.
fī š-šurbah milḥ kaṯīr. 'a^{c}ṭinā šurbah 'uḫrā law samaḥt.

______ صِحَّة!
ṣiḥḥah!

______ لا. شُكْراً. الْحِسَاب لَوْ سَمَحْت.
lā. šukran. 'al-ḥisāb law samaḥt.

__1__ أَعْطِنِي شُرْبَة لَوْ سَمَحْت.
'a^{c}ṭinī šurbah law samaḥt.

______ شَيْء غَيْرُهُ؟
šay' ġayruhu?

______ شُرْبَة لِشَخْص؟
šurbah li-šaḫṣ?

______ لا. لِشَخْصَيْن لَوْ سَمَحْت.
lā. li-šaḫṣayn law samaḥt.

______ شُكْراً.
šukran.

3 **Stellen Sie mithilfe der angegebenen Wörter eine Speisekarte (*qā'imat ṭa*^{c}*ām*) zusammen.**

حُمُّص *ḥummuṣ*	شُرْبَة *šurbah*	مُحَلَّبِيَّة *muḥallabiyyah*
بُوظَة *būẓah*	لَحْم *laḥm*	مَاء مَعْدِنِيّ *mā' ma*^{c}*diniyy*
سَلَطَة *salaṭah*	قَهْوَة *qahwah*	عَصِير بُرْتُقَال ^{c}*aṣīr burtuqāl*
سَمَك مَشْوِيّ *samak mašwiyy*	كُوكَا كُولا *kōka kōlā*	رُزّ *ruzz*
سَلَطَة فَوَاكِه *salaṭat fawākih*	دَجَاج *dağāğ*	بَطَاطَا مَقْلِيَّة *baṭāṭā maqliyyah*

مُقَبِّلات
muqabbilāt

____
____
____

وَجْبَة رَئِيسِيَّة
wağbah ra'īsiyyah

____
____
____
____
____
____

حَلَوِيَّات
ḥalawiyyāt

____
____
____

مَشْرُوبَات
mašrūbāt

____
____
____
____

الفندق
Hotel

أنواع المساكن
Arten von Unterkünften

Hotel	فُنْدُق (ج فَنَادِق) *funduq* (pl. *fanādiq*)
Vier-Sterne-Hotel	فُنْدُق أَرْبَعَة نُجُوم (ج فَنَادِق أَرْبَعَة نُجُوم) *funduq 'arbaᶜat nuǧūm* (pl. *fanādiq 'arbaᶜat nuǧūm*)
Pension	فُنْدُق لِلْعَائِلات (ج فَنَادِق لِلْعَائِلات) *funduq li-l-ᶜā'ilāt* (pl. *fanādiq li-l-ᶜā'ilāt*)
Gasthof	فُنْدُق وَمَطْعَم (ج فَنَادِق وَمَطَاعِم) *funduq wa maṭᶜam* (pl. *fanādiq wa maṭāᶜim*)
Jugendherberge	بَيْت لِلشَّبَاب (ج بُيُوتُ لِلشَّبَاب) *bayt li-š-šabāb* (pl. *buyūt li-š-šabāb*)
Ferienwohnung	شَقَّة لِلْعُطْلَة (ج شُقَق لِلْعُطْلَة) *šaqqah li-l-ᶜuṭlah* (pl. *šuqaq li-l-ᶜuṭlah*)
Campingplatz	مَحَلّ لِلتَّخْيِيم (ج مَحَلاَّت لِلتَّخْيِيم) *maḥall li-t-taḫyīm (pl. maḥallāt li-t-taḫyīm)*
Wohnwagen	سَيَّارَة لِلسَّكَن وَالتَّنَقُّل (ج سَيَّارَات لِلسَّكَن وَالتَّنَقُّل) *sayyārah li-s-sakan wa t-tanaqqul* (pl. *sayyārāt li-s-sakan wa t-tanaqqul*)
Zelt	خَيْمَة (ج خَيْمَات) *ḫaymah* (pl. *ḫaymāt*)

تعبيرات
Redewendungen

Ich möchte ein Zimmer reservieren.	أُحِبّ أَنْ أَحْجِز غُرْفَة. *'uḥibb 'an 'aḥǧiz ġurfah.*

stornieren	أَلْغَى الْحَجْز، يُلْغِي، الإِلْغَاء *'alġā l-ḥağz, yulġī, 'al-'ilġā'*
Rezeption	الاِسْـــتِـــقْـــبَال *'al-i-stiqbāl*
Wir sind ausgebucht.	كُلُّ الْغُرَف مَحْجُوزَة. *kullu l-ġuraf maḥǧūzah.*
Haben Sie ein Einzelzimmer?	(هَلْ) عِنْدَكُم غُرْفَة لِشَخْص؟ (*hal*) *ᶜindakum ġurfah li-šaḫṣ?*
Doppelzimmer	غُرْفَة لِشَخْصَـــيْـــن *ġurfah li-šaḫṣayn*
Kinderbett	سَرِير أَطْفَال (ج سُرُر أَطْفَال) *sarīr 'aṭfāl* (pl. *surur 'aṭfāl*)
Zimmer mit Bad	غُرْفَة مَعَ حَمَّام (ج غُرَف مَعَ حَمَّامَات) *ġurfah maᶜa ḥammām* (pl. *ġuraf maᶜa ḥammāmāt*)
mit Dusche	مَعَ دُوش *maᶜa dūš*
ruhiges Zimmer	غُرْفَة هَادِئَة (ج غُرَف هَادِئَة) *ġurfah hādi'ah* (pl. *ġuraf hādi'ah*)
mit Meerblick	غُرْفَة عَلَى الْــبَحْر (ج غُرَف عَلَى البَحْر) *ġurfah ᶜalā l-baḥr* (pl. *ġuraf ᶜalā l-baḥr*)
zentral gelegen	فِي مَوْقِع مُمْتَاز *fī mawqiᶜ mumtāz*

Gibt es eine Sauna?	(هَلْ) يُوجَد حَمَّام بُخَار؟ *(hal) yūǧad ḥammām buḫār?*
Fitnessraum	صَالَة رِيَاضَة (ج صَالات رِيَاضَة) *ṣālat riyāḍah* (pl. *ṣālāt riyāḍah*)
Schwimmbad	مَسْبَح (ج مَسَابِح) *masbaḥ* (pl. *masābiḥ*)
Aufzug	مِصْعَد (ج مَصَاعِد) *miṣʿad* (pl. *maṣāʿid*)
Safe	مَحَلّ أَمَانَات (ج مَحَلَّات أَمَانَات) *maḥall 'amānāt* (pl. *maḥallāt 'amānāt*)
Internet-Anschluss	وَصْلَة إِنتَرْنِت (ج وَصْلات إِنتَرْنِت) *waṣlat 'intarnet* (pl. *waṣlāt 'intarnet*)
Satellitenfernsehen	تِلِفِزْيون مَعَ سَاتَالايْت (ج تِلِفِزْيُونَات مَعَ سَاتَالايْتَات) *telefizyōn maʿa satalayt* (pl. *telefizyōnāt maʿa satalaytāt*)
Parkplatz	مَوْقِف سَيَّارَات (ج مَوَاقِف سَيَّارَات) *mawqif sayyārāt* (pl. *mawāqif sayyārāt*)
Tiefgarage	مَوْقِف سَيَّارَات تَحْتَ الأَرْض *mawqif sayyārāt taḥta l-'arḍ*
Kann ich das Zimmer sehen?	(هَلْ) مُمْكِن أَنْ أَرَى الْغُرْفَة؟ *(hal) mumkin 'an 'arā l-ġurfah?*
Was kostet eine Nacht?	بِكَم اللَّيْلَة؟ *bi-kami l-laylah?*
mit Frühstück	مَعَ فَطُور *maʿa faṭūr*
mit Halbpension	مَعَ وَجْبَتَيْن *maʿa waǧbatayn*
mit Vollpension	مَعَ ثَلاث وَجَبَات *maʿa ṯalāṯ waǧbāt*

Wo ist der Frühstücksraum?	أَيْن مَكانُ الفَطُور؟ *'ayna makānu l-faṭūr?*
Wann können wir frühstücken?	مَتَى مُمْكِن أَنْ نَفْطُر؟ *matā mumkin 'an nafṭur?*
Ich komme nach 20 Uhr an.	سَأَصِل بَعْدَ السَّاعَة الثَّامِنَة فِي الْمَسَاء. *sa-'aṣil baʿda s-sāʿah ṯ-ṯāminah fī l-masā'.*
Wir reisen morgen um 6 Uhr ab.	سَنُسَافِر غَدَاً السَّاعَة السَّادِسَة فِي الصَّباح. *sa-nusāfir ġadan 'a-s-sāʿah s-sādisah fī ṣ-ṣabāḥ.*
Zimmerschlüssel	مِفْتَاح غُرْفَة (ج مَفَاتِيح غُرَف) *miftāḥ ġurfah* (pl. *mafātīḥ ġuraf*)

التذمر
Beanstandungen

Es gibt kein Warmwasser.	لا يُوجَد مَاء سَاخِن. *lā yūǧad mā' sāḫin.*
Die Klimaanlage funktioniert nicht.	الْمُكَيِّف لا يَشْتَغِل. *'al-mukayyif lā yaštaġil.*
In der Lampe fehlt eine Glühbirne.	لا يُوجَد مِصْبَاح. *lā yūǧad miṣbāḥ.*
Das Fenster schließt nicht richtig.	الشُّبَّاك لا يَنْغَلِق جَيِّداً. *'a-š-šubbāk lā yanġaliq ǧayyidan.*
Es sind keine Handtücher da.	لا يُوجَد مَنَادِيل. *lā yūǧad manādīl.*
Die Toilette ist nicht sauber.	الْحَمَّام غَيْر نَظِيف. *'al-ḥammām ġayr naẓīf.*
Das Waschbecken ist verstopft.	حَوْض الْحَنَفِيَّة مَسْدُود. *ḥawḍu l-ḥanafiyyah masdūd.*
Es ist zu laut.	الصَّوْت مُزْعِج جِدّاً. *'a-ṣ-ṣawt muzʿiǧ ǧiddan.*

1 **Sortieren Sie diese Arten von Unterkünften von preisgünstig (a) bis teuer (d).**

بَيْت لِلشَّــبَاب *bayt li-š-šabāb*	فُنْدُق خَــمْسَة نُــجُوم *fuduq ẖamsat nuǧūm*
فُنْدُق لِلْعَائِلات *funduq li-l-ᶜā'ilāt*	خَيْمَة *ẖaymah*

a. ______________________________

b. ______________________________

c. ______________________________

d. ______________________________

2 **Unterstreichen Sie die richtige Schreibweise. (Die Wörter sind ohne Vokalisierung und ohne Umschrift.)**

a. سياـــرات سياراـــت سيارات سيـــ ارات

b. غرفـــ ة هادءة غرفة هادئة غـــرـــفة هادءة غرفة هادؤة

c. الـــاســـتقبال الاســـ تـــقبال الاســـتقـــ بال الاســـتقبال

d. فنادـــق فنادق فنـــ ادق فنـــادق

3 **Formulieren Sie die folgenden Fragen und Sätze auf Arabisch. Schreiben Sie sie auf.**

a. Sie würden gerne ein Doppelzimmer reservieren.

____

b. Sie möchten wissen, was eine Übernachtung kostet.

____

c. Fragen Sie, ob das Zimmer ruhig ist.

____

d. Erkundigen Sie sich, ob es einen Fitnessraum gibt.

____

e. Fragen Sie, wann man frühstücken kann.

____

f. Teilen Sie mit, wann Sie abreisen.

____

السفر والمواصلات
Reise und Verkehr

وسائل المواصلات
Verkehrsmittel

Auto	سَيَّارَة (ج سَيَّارَات) *sayyārah* (pl. *sayyārāt*)
Ich fahre mit dem Auto zur Arbeit.	أَنَا أَذْهَب بِالسَّيَّارَة إِلَى الشُّغْل. *'anā 'aḏhab bi-s-sayyārah 'ilā š-šuġl.*
Fahrrad	دَرَّاجَة (ج دَرَّاجَات) *darrāğah* (pl. *darrāğāt*)
Die Kinder fahren mit dem Fahrrad zur Schule.	الأَطْفَال يَذْهَبُون بِالدَّرَّاجَة إِلَى الْمَدْرَسَة. *'al-'aṭfāl yaḏhabūn bi-d-darrāğah 'ilā l-madrasah.*
mit dem Bus	بِالْحَافِلَة *bi-l-ḥāfilah*
mit der U-Bahn	بِقَطَارِ الأَنْفَاق *bi-qiṭāri l-'anfāq*
mit der Straßenbahn	بِقِطَارِ الشَّوارِع *bi-qiṭāri š-šawāri*ᶜ
mit dem Zug	بِالْقِطَار *bi-l-qiṭār*
mit dem Schiff	بِالسَّفِينَة *bi-s-safīnah*
mit dem Flugzeug	بِالطَّيَّارَة *bi-ṭ-ṭayyārah*
mit dem Motorrad	بِالدَّرَّاجَة النَّارِيَّة *bi-d-darrāğah n-nāriyyah*
zu Fuß	مَشْياً *mašyan*

يَالله
yallah = los geht's

yallah bedeutet in der Umgangssprache „Los! / Los geht's! / Lass uns ... / Lasst uns ...“ auch „Lasst uns aufbrechen!“

يَالله نَرُوح إِلَى الشُّغْل.
yallah narūḥ 'ilā š-šuġl.
Lass/lasst uns zur Arbeit gehen/fahren.

السفر بالقطار
Mit dem Zug reisen

Bahnhof	مَحَطَّة قِطَار (ج مَحَطَّات قِطَار) *maḥaṭṭat qiṭār* (pl. *maḥaṭṭāt qiṭār*)
Bahnsteig	رَصِيف (ج أَرْصِفَة) *raṣīf* (pl. *'arṣifah*)
Fahrkartenschalter	مَحَلّ بَيْع التَّذَاكِر *maḥall bayᶜi t-taḏākir*
Wo fährt der Zug ab?	مِنْ أَيْنَ يُغَادِرُ الْقِطَار؟ *min 'ayna yuġādiru l-qiṭār?*
Um wie viel Uhr fährt der Zug ab?	فِي أَيِّ سَاعَة يُغَادِرُ الْقِطَار؟ *fī 'ayyi sāᶜah yuġādiru l-qiṭār?*
Um wie viel Uhr kommt der Zug an?	فِي أَيِّ سَاعَة يَصِلُ الْقِطَار؟ *fī 'ayyi sāᶜah yaṣilu l-qiṭār?*
Der Zug hat Verspätung.	الْقِطَار مُتَأَخِّر. *'al-qiṭār muta'aḫḫir.*
Hinfahrt	ذَهَاب *ḏahāb*
Rückfahrt	رُجُوع *ruǧūᶜ*
umsteigen	غَيَّرَ الْقِطَار، يُغَيِّر، التَّغْيِير *ġayyara l-qiṭār, yuġayyir, 'a-t-taġyīr*

Sitzplatz	مَقْعَد (ج مَقَاعِد) *maqʿad* (pl. *maqāʿid*)
Gepäckaufbewahrung	أَمَانَات حَقَائِب *'amānāt ḥaqā'ib*
Gepäckträger	حَمَّال حَقَائِب (ج حَمَّالُو حَقَائِب) *ḥammāl ḥaqā'ib* (pl. *ḥammālū ḥaqā'ib*)
Speisewagen	مَقْطُورَة أَكْل (ج مَقْطُورَات أَكْل) *maqṭūrat 'akl* (pl. *maqṭūrāt 'akl*)
Schlafwagen	مَقْطُورَة نَوْم (ج مَقْطُورَات نَوْم) *maqṭūrat nawm* (pl. *maqṭūrāt nawm*)

السفر بالطيارة
Mit dem Flugzeug reisen

Flughafen	مَطَار (ج مَطَارَات) *maṭār* (pl. *maṭārāt*)
Abflug	مُغادَرَة *muġādarah*
Ankunft	وُصُول *wuṣūl*
Direktflug	رِحْلَة مُبَاشِرَة *riḥlah mubāširah*
Zwischenlandung	تَعْبِئَة وَقُود *taʿbi'at waqūd*
einen Flug buchen	حَجَزَ رِحْلَة بِالطَّيَّارَة، يَحْجِز، الْحَجْز *ḥağaz riḥlah bi-ṭ-ṭayyārah, yaḥğiz, 'al-ḥağz*
einen Flug stornieren	أَلْغَى رِحْلَةَ الطَّيَّارَة، يُلْغِي، الإِلْغَاء *'alġā riḥlata ṭ-ṭayyārah, yulġī, 'al-'ilġā'*

Abfertigungshalle	صَالة إِجْرَاءَاتِ السَّفَر *ṣālat 'iǧrā'āti s-safar*
einchecken	سَجَّلَ الْوُصُول، يُسَجِّل، التَّسْجِيل *saǧǧala l-wuṣūl, yusaǧǧil, 'a-t-tasǧīl*
Handgepäck	حَقِيبَة يَد (ج حَقَائِب يَد) *ḥaqībat yad* (pl. *ḥaqā'ib yad*)
Sicherheitskontrolle	تَفْتِيش أَمْنِيّ *taftīš 'amniyy*
Kann ich bitte Ihren Pass sehen?	مُمْكِن أَنْ أَشُوف جَوَازَكَ\جَوَازَكِ؟ *mumkin 'an 'ašūf* (ugs.) *ǧawāzaka* (m.) / *ǧawāzaki* (f.).
Personalausweis	بِطَاقَة شَخْصِيَّة (ج بِطَاقَات شَخْصِيَّة) *biṭāqah šaḫṣiyyah* (pl. *biṭāqāt šaḫṣiyyah*)
Bordkarte	بِطَاقَة رُكُوب (ج بِطَاقَات رُكُوب) *biṭāqat rukūb* (pl. *biṭāqāt rukūb*)
Zoll	جَمَارِك *ǧamārik*
Haben Sie etwas zu verzollen?	(هَلْ) عَلَيْكَ\عَلَيْكِ جَمَارِك؟ (*hal*) *ᶜalayka* (m.) / *ᶜalayki* (f.) *ǧamārik?*

السـفر بالسـيارة
Mit dem Auto reisen

Landstraße	طَرِيق رِيفِيّ (ج طُرُق رِيفِيَّة) *ṭarīq rīfiyy* (pl. *ṭuruq rīfiyyah*)
Einbahnstraße	طَرِيق بِـاتِّـجَاه إِجْبَارِيّ *ṭarīq bi-t-tiğāh ʻiğbāriyy*
Sackgasse	طَرِيق مَسْدُود (ج طُرُق مَسْدُودَة) *ṭārīq masdūd* (pl. *ṭuruq masdūdah*)
Kreisverkehr	طَرِيق دَوَّار (ج طُرُق دَوَّارَة) *ṭarīq dawwār* (pl. *ṭuruq dawwārah*)
Umgehungsstraße	طَرِيق جَانِـبِـيّ (ج طُرُق جَانِـبِـيَّة) *ṭarīq ğānibiyy* (pl. *ṭuruq ğānibiyyah*)
Umleitung	طَرِيق اِلْتِفَافِيّ (ج طُرُق اِلْتِفَافِيَّة) *ṭarīq 'iltifāfiyy* (pl. *ṭuruq 'iltifāfiyyah*)
Schnellstraße	طَرِيق سَرِيع دَاخِل الْمَدِينَة *ṭarīq sarīᶜ dāḫila l-madīnah*
Autobahn	طَرِيق سَرِيع خَارِجَ الْمَدِينَة *ṭarīq sarīᶜ ḫāriğa l-madīnah*
Welche Ausfahrt muss ich nehmen?	أَيّ مَخْرَج لازِم أَنْ آخُذ؟ *'ayy maḫrağ lazim 'an 'āḫuḏ?*
Auffahrt	مَدْخَل (ج مَدَاخِل) *madḫal* (pl. *madāḫil*)
Die nächste Raststätte ist in 5 km.	الإِسْـتِرَاحَة الْمُقْبِلَة بَعْد خَمْسَة كِيلُومِتْرَات. *'al-i-stirāḥah l-muqbilah baᶜd ḫamsat kilōmitrāt.*
Parkplatz	مَوْقِف سَيَّارَات (ج مَوَاقِف سَيَّارَات) *mawqif sayyārāt* (pl. *mawāqif sayyārāt*)
Parklücke	مَكَان فَاضِي (ج أَمَاكِن فَاضِيَة) *makān fāḍī* (ugs.) (pl. *'amākin fāḍiyah*)

nach links abbiegen	اِنْعِطَاف إِلَى الْيَسَار	*'inʿiṭāf 'ilā l-yasār*
nach rechts abbiegen	اِنْعِطَاف إِلَى الْيَمِين	*'inʿiṭāf 'ilā l-yamīn*
geradeaus fahren	سَاق مُباشَرَةً إِلَى قُدَّام، يَسُوق، السِّوَاقَة	*sāq mubāšaratan 'ilā quddām, yasūq, 'a-s-siwāqah*
Ampel	إِشَارَة مُرُور (ج إِشَارَات مُرُور)	*'išārat murūr* (pl. *'išārāt murūr*)
Kreuzung	تَقَاطُع (ج تَقَاطُعَات)	*taqāṭuʿ* (pl. *taqāṭuʿāt*)
Verkehrsschild	لَوْحَة مُرُور (ج لَوْحَات مُرُور)	*lawḥat murūr* (pl. *lawḥāt murūr*)
Führerschein	رُخْصَة سِوَاقَة (ج رُخَص سِوَاقَة)	*ruḫṣat siwāqah* (pl. *ruḫaṣ siwāqah*)
Fahrzeugpapiere	أَوْرَاقُ السَّيَّارَة	*'awrāqu s-sayyārah*
überholen	تَجَاوَز، يَتَجَاوَز، التَّجَاوُز	*taǧāwaz, yataǧāwaz, 'a-t-taǧawuz*
zu schnell fahren	سَاقَ بِسُرْعَة زَائِدَة، يَسُوق، السِّوَاقَة	*sāq bi-surʿah zā'idah, yasūq, 'a-s-siwāqah*
Verkehr	مُرُور	*murūr*
Stau	زَحْمَة (ج زِحَام)	*zaḥmah* (pl. *ziḥām*)
Geldbuße	مُخَالَفَة مَالِيَّة (ج مُخَالَفَات مَالِيَّة)	*muḫālafah māliyyah* (pl. *muḫālafāt māliyyah*)
Panne	عُطْل (ج أَعْطَال)	*ʿuṭl* (pl. *'aʿṭāl*)

فــي مــحطة البــنــزين
An der Tankstelle

Volltanken, bitte.	تَعْبِئَة كَامِلَة، لَوْسَمَحْت. *taᶜbi'ah kāmilah, law samaḥt.*
Benzin	بِــنْــزِين *binzīn*
20 Liter Super, bitte.	عِشْرِين لِيــتْر بِنْــزِين مُمْــتَاز، لَوْ سَمَحْت. *ᶜišrīn lītr binzīn mumtāz, law samaḥt.*
Motoröl	زَيْت لِلْمُحَرِّك *zayt li-l-muḥarrik*
Könnten Sie bitte den Reifendruck prüfen?	مُمْكِن أَنْ تَفْحَص ضَغْطَ الْعَجَلاَت، لَوْ سَمَحْت؟ *mumkin 'an tafḥaṣ ḍaġṭa l-ᶜağalāt, law samaḥt?*
Reifen reparieren	صَلَّحَ الْعَجَلات، يُصَلِّح، التَّصْلِيح *ṣallaḥa l-ᶜağalāt, yuṣalliḥ, 'a-t-taṣlīḥ*
Ölstand kontrollieren	فَحَص حَالَةَ الزَّيْت، يَفْحَص، الفَحْص *faḥaṣ ḥālata z-zayt, yafḥaṣ, 'al-faḥṣ*
Öl wechseln	غَــيَّــرَ الزَّيْــت، يُغَــيِّــر، التَّغْــيِــيــر *ġayyara z-zayt, yuġayyir, 'a-t-taġyīr*
Der Motor macht ein seltsames Geräusch.	يُوجَد صَوْت غَرِيب فِي الْمُحَرِّك. *yūğad ṣawt ġarīb fī l-muḥarrik.*

Bremse	فَرَامِل *farāmil*
Handbremse	فَرَامِل يَد *farāmil yad*
Gangschaltung	تَعْشِـيقَة (ج تَعْشِـيقَات) *taᶜšīqah* (pl. *taᶜšīqāt*)
Kupplung	تَعْشِيق *taᶜšīq*
Scheibenwischer	مَسَّاحَة (ج مَسَّاحَات) *massāḥah* (pl. *massāḥāt*)
Ich brauche eine Zündkerze.	أَحْتَاج إِلَى شَمْعَة لِلسَّـيَّارَة. *'aḥtāǧ 'ilā šamᶜah li-s-sayyārah.*
Glühbirne für das Rücklicht	مِصْبَاح مِن أَجْل الضَّوْء الْخَلْفِيّ *miṣbāḥ min 'aǧli ḍ-ḍaw'i l-ḫalfiyy*
Fernlicht	ضَوْء بَعِيد (ج أَضْوَاء بَعِيدَة) *ḍaw' baᶜīd* (pl. *'aḍwā' baᶜīdah*)
Scheinwerfer	مِصْبَاح أَمَامِيّ (ج مَصَابِيح أَمَامِيَّة) *miṣbāḥ 'amāmiyy* (pl. *maṣābīḥ 'amāmiyyah*)
Die Batterie ist leer.	البَطَّارِيَّة فَارِغَة. *'al-baṭṭāriyyah fāriġah.*

المواصلات العامة المحلية
Öffentlicher Nahverkehr

Die Busse verkehren alle zehn Minuten.	الْحَافِلات تَسِـير كُلّ عَشْر دَقَائِق. *'al-ḥāfilāt tasīr kull ᶜašr daqā'iq.*
Busfahrer	سَوَّاق حَافِلَة (ج سَوَّاقو حَافِلات) *sawwāq ḥāfilah* (pl. *sawwāqū ḥāfilāt*)

Fahrschein, Ticket	تَذْكِرَة (ج تَذَاكِر) *taḏkirah* (pl. *taḏākir*)
Fahrkarte, (Dauer)Karte	بِطَاقَة (ج بَطَاقَات) *biṭāqah* (pl. *biṭāqāt*)

Was ist der Unterschied zwischen *taḏkirah* und *biṭāqah*?

Eine *taḏkirah* ist ein Ticket zur einmaligen Verwendung oder für eine begrenzte Verwendungsanzahl, das meist aus Papier besteht. Die *taḏkirah* kann man am Automaten oder durch einen Kontrolleur entwerten lassen. Die *biṭāqah* ist eine Karte für die langfristige Nutzung und wird meistens nicht entwertet. In der Regel besteht sie aus Plastik.

Die Bezeichnung *biṭāqah* wird z.B. verwendet für Personalausweis, Scheck- und Versicherungskarten und ähnliches. Die Bezeichnung *taḏkirah* kann verwendet werden für Fahrscheine, Kinokarten und ähnliches. Manchmal wird aber auch hier der Begriff *biṭāqah* verwendet. Also: Jede *taḏkirah* kann eine *biṭāqah* sein, aber nicht jede *biṭāqah* ist eine *taḏkirah*.

Tageskarte	بِطَاقَة يَوْمِيَّة *biṭāqah yawmiyyah*
Monatskarte	بِطَاقَة شَهْرِيَّة *biṭāqah šahriyyah*
Man muss den Fahrschein im Bus kaufen.	لازِم شِرَاءُ التَّذَاكِر دَاخِلَ الْحَافِلَة. *lāzim širā'u t-taḏākir dāḫila l-ḥāfilah.*
Fahrscheinautomat	آلة تَذَاكِر (ج آلات تَذَاكِر) *'ālat taḏākir ('ālāt taḏākir)*
Fahrschein entwerten	اِسْتَخْدَمَ التَّذْكِرَة، يَسْتَخْدِم، الاِسْتِخْدَام *'istaḫdama t-taḏkirah, yastaḫdim, 'al-i-stiḫdām*
Fährt diese U-Bahn zum Hauptbahnhof?	(هَلْ)يَذْهَب قِطَارُ الأَنْفَاق إِلَى مَحَطَّةِ الْقِطَار الرَّئِيسِيَّة؟ *(hal) yaḏhab qiṭāru l-'anfāq 'ilā maḥaṭati l-qiṭāri r-ra'īsiyyah?*
Welche Straßenbahn fährt zum Bahnhof?	أيّ قِطَار شَوَارِع يَرُوح إِلَى مَحَطَّةِ القِطَار ؟ *'ayy qiṭār šawāri^{c} yarūḥ* (ugs.) *'ilā maḥaṭati l-qiṭār?*

Haltestelle	مَوْقِف (ج مَوَاقِف)	*mawqif* (pl. *mawāqif*)
An welcher Haltestelle muss ich umsteigen?	فِي أَيِّ مَوْقِف لازِم أَنْ أُغَـيِّـرَ الْقِطَار؟	*fī 'ayyi mawqif lāzim 'an 'uġayyira l-qitār?*
aussteigen	نَزَل، يَنْزِل، النُّزُول	*nazal, yanzil, 'a-n-nuzūl*

1 **Lösen Sie das Kreuzworträtsel mithilfe folgender Wörter.**

a. Bildet sich, wenn zuviel Verkehr auf der Straße ist.

b. Ein Fahrzeug mit vielen Sitzplätzen.

c. Speichert elektrischen Strom und muss öfters ausgewechselt werden.

d. Wird entwertet, wenn man die Fahrt beginnt.

e. Hier kann man aus- und einsteigen.

f. Ein Luftfahrzeug mit Tragflächen.

g. Beliebtes Fortbewegungsmittel.

h. Hier starten und landen Flugzeuge.

a.
b.
c.
d.
e.
f.
g.
h.

Lösungswort: ______________________________

2 **Was gehört zusammen? Ordnen Sie zu.**

a.	مَــحَطَّة قِطَار *maḥaṭat qiṭār*	مَدْخَل *madḫal*
b.	مَطَار *maṭār*	مَوْقِف سَيَّارَات *mawqif sayyārāt*
c.	مَــخْرَج *maḫraǧ*	سَيَّارَة *sayyārah*
d.	مَكَان فَاضِي *makān fāḍī* (ugs.)	طَيَّارَة *ṭayyārah*
e.	رُخْصَة سِوَاقَة *ruḫṣat siwāqah*	قِطَار *qiṭār*

3 **Ordnen Sie die folgenden Wörter den Begriffen „Bahnhof", „Flughafen" und „Straße" zu. Schreiben Sie sie auf die Linien.**

إشَارَة مُرُور *'išārat murūr*	مَقْطُورَة أَكْل *maqṭūrat 'akl*	تَقَاطُع *taqāṭu^c*	تَفْتِيش أَمْنِــيّ *taftīš 'amniyy*
الْــمُغَادَرَة *'al-muġādarah*	قِطَار *qiṭār*	طَيَّارَة *ṭayyārah*	رَصِيف *raṣīf*
لَوْحَة مُرُور *lawḥat murūr*	مَوْقِف سَيَّارَات *mawqif sayyārāt*	مَقْطُورَة نَوْم *maqṭūrat nawm*	

مَــحَطَّة قِطَار *maḥaṭat qiṭār*	مَطَار *maṭār*	شَارِع *šāri^c*
______	______	______
______	______	______
______	______	______
______		______

الصحة
Gesundheit

أجزاء وأعضاء الجسم
Körperteile und Organe

Kopf	رَأْس (ج رُؤُوس) *ra'S* (pl. *ru'ūs*)
Gesicht	وَجْه (ج وُجُوه) *wağh* (pl. *wuğūh*)
Auge	عَيْن (ج عُيُون) *^{c}ayn* (f.) (pl. *^{c}uyūn*)
Ohr	أُذُن (ج آذَان) *'uḏun* (pl. *'āḏān*)
Nase	أَنْف (ج أُنُوف) *'anf* (pl. *'unūf*)
Mund	فَم (ج أَفْوَاه) *fam* (pl. *'afwāh*)
Zunge	لِسَان (ج أَلْسِنَة) *lisān* (pl. *'alsinah*)
Zahn	سِنّ (ج أَسْنَان) *sinn* (pl. *'asnān*)
Arm	ذِرَاع (ج أَذْرُع) *ḏirā^{c}* (f.) (pl. *'aḏru^{c}*)
Hand	يَد (ج أَيْدِي) *yad* (f.) (pl. *'aydī* (ugs.))
Finger	إِصْبَع (ج أَصَابِع) *'iṣba^{c}* (pl. *'aṣābi^{c}*)

Bein	رِجْل (ج أَرْجُل) *riǧl* (f.) (pl. *'arǧul*)
Knie	رُكْبَة (ج رُكَب) *rukbah* (pl. *rukab*)
Fuß	قَدَم (ج أَقْدَام) *qadam* (f.) (pl. *'aqdām*)
Zeh	إِصْـــبَع قَدَم (ج أَصَابِع قَدَم) *'iṣba*^{c} *qadam* (pl. *'aṣābi*^{c} *qadam*)
Nacken	قَفَا الرَّقَـــبَة (ج أَقْفِيَةُ الرِّقَاب) *qafā r-raqabah* (pl. *'aqfiyatu r-riqāb*)
Rücken	ظَهْر (ج ظُهُور) *ẓahr* (pl. *ẓuhūr*)
Schulter	كَتِف (ج أَكْتَاف) *katif* (pl. *'aktāf*)
Brust	صَدْر (ج صُدُور) *ṣadr* (pl. *ṣudūr*)
Herz	قَلْب (ج قُلُوب) *qalb* (pl. *qulūb*)
Magen	مَعِدَة (ج مَعِدَات) *ma*^{c}*idah* (pl. *ma*^{c}*idāt*)
Niere	كُلْيَة (ج كُلَى) *kuliyah* (pl. *kulā*)
Leber	كَبِد (ج أَكْبَاد) *kabid* (pl. *'akbād*)
Lunge	رِئَة (ج رِئَات) *ri'ah* (pl. *ri'āt*)

تعبيرات
Redewendungen

Wie geht es dir?	كَيْفَ صِحَّتُكَ\صِحَّتُكِ؟ *kayfa ṣiḥḥatuka* (m.) / *ṣiḥḥatuki* (f.)?
Danke, mir geht es gut.	شُكْراً، أنَا بِخَيْر. *šukran, 'anā bi-ḫayr.*
Und wie geht es Ihnen?	وَأَنْتَ، كَيْفَ صِحَّتُكَ؟ *wa 'anta* (m.), *kayfa ṣiḥḥatuka* (m.)? وَأَنْتِ، كَيْفَ صِحَّتُكِ؟ *wa 'anti* (f.), *kayfa ṣiḥḥatuki* (f.)?
Ich habe die Grippe.	عِنْدِي إِنْفِلْوَنْزَا. *ʿindī 'infilwanzā.*
Ich habe Fieber.	عِنْدِي حُمَّى. *ʿindī ḥummā.*
Mir ist schwindlig.	أُحِسّ بِدَوْخَة. *'uḥiss bi-dawḫah.*
Mir ist übel.	أُحِسّ بِغَثَيَان. *'uḥiss bi-ġaṯayān.*
Ich fühle mich sehr schlecht.	أُحِسّ بِمَرَض شَدِيد. *'uḥiss bi-maraḍ šadīd.*
Heute geht es mir besser.	الْيَوْم أنَا أَحْسَن. *'al-yawm 'anā 'aḥsan.*
Ich muss zum Arzt gehen.	لازِم أَنْ أَذْهَب إِلَى الطَّبِيب. *lāzim 'an 'aḏhab 'ilā ṭ-ṭabīb.*
Ich habe Kopfschmerzen.	عِنْدِي صُدَاع. *ʿindī ṣudāʿ.*
Mir tun die Füße weh.	عِنْدِي أَلَم فِي القَدَمَيْن. *ʿindī 'alam fī l-qadamayn.*

Sie hat Halsschmerzen.	عِنْدَهَا أَلَم فِي الْحَلْق. *ᶜindahā 'alam fī l-ḥalq.*
Ich bin erkältet.	أَنَا مَزْكُوم/مَزْكُومَة. *'anā mazkūm* (m.) / *mazkūmah* (f.).
Ich habe Husten.	عِنْدِي سُعْلَة. *ᶜindī suᶜlah.*
Durchfall	إِسْهَال *'ishāl*
ein gebrochenes Bein	رِجْل مَكْسُورَة (ج أَرْجُل مَكْسُورَة) *riǧl* (f.) *maksūrah* (pl. *'arǧul maksūrah*)
ein verstauchter Fuß	قَدَم مُلْتَوِيَة (ج أَقْدَام مُلْتَوِيَة) *qadam* (f.) *multawiyah* (pl. *'aqdām multawiyah*)
eine Schnittwunde	جُرْح (ج جُرُوح) *ǧurḥ* (pl. *ǧurūḥ*)
hoher Blutdruck	ضَغْط دَم عَالِي *ḍaġṭ dam ᶜālī* (ugs.)
niedriger Blutdruck	ضَغْط دَم مُنْخَفِض *ḍaġṭ dam munḫafiḍ*
Er hat Zahnschmerzen.	عِنْدَهُ أَلَم فِي الأَسْنَان. *ᶜindahu 'alam fī l-'asnān.*
Morgen hat er einen Zahnarzttermin.	غداً عِنْدَهُ مَوْعِد عِنْدَ طَبِيبِ الأَسْنَان. *ġadan ᶜindahu mawᶜid ᶜinda ṭabībi l-'asnān.*
Er wurde ins Krankenhaus gebracht.	أَخَذُوهُ إِلَى الْمُسْتَشْفَى. *'aḫaḏūhu 'ilā l-mustašfā.*
Gute Besserung!	سَلامَات، سَلامَات! *salāmāt, salāmāt!*

hal 'arūḥ 'ila l-mustašfā 'aw 'ilā l-ʿiyādah?
Gehe ich ins Krankenhaus oder zur Praxis?

Ein Arzt im arabischen Raum kann ein allgemeiner Arzt *ṭabīb ʿāmm*, ein Zahnarzt *ṭabīb 'asnān* oder ein Facharzt *ṭabīb mutaḫaṣṣiṣ* sein. Ein Facharzt ist spezialisiert auf eine bestimmte Disziplin wie z.B. Chirurgie *ǧirāḥah*, Hals-, Nasen- und Rachenraum *'anf 'uḏun wa ḥanǧarah*, Drüsen *ġudad*, Herz *qalb* oder Nerven *'aʿṣāb*. Ein Frauenarzt heißt *ṭabīb nisā'*.

Krankenversicherungen sind in den nicht-reichen arabischen Ländern nicht verbreitet. Ein Patient *marīḍ* kann aber ein öffentliches Krankenhaus *mustašfā ʿāmm* oder eine Universitätsklinik *mustašfā ǧāmiʿiyy* aufsuchen. Diese Krankenhäuser sind in der Regel staatlich unterstützt und nicht teuer.
Patienten *marḍā* können auch ein privates Krankenhaus *mustašfā ḫāṣṣ* oder eine Privatpraxis *ʿiyādah ḫāṣṣah* aufsuchen. Diese sind, zieht man das durchschnittliche monatliche Einkommen einheimischer Arbeitnehmer in Betracht, vergleichsweise teuer.

1 Streichen Sie durch, was nicht passt.

a.	كُلْيَة *kulyah*	فَم *fam*	سِنّ *sinn*	لِسَان *lisān*
b.	رِئَة *ri'ah*	رُكْبَة *rukbah*	قَلْب *qalb*	كَبِد *kabid*
c.	صَدْر *ṣadr*	ظَهْر *ẓahr*	كَتِف *katif*	قَدَم *qadam*
d.	صُدَاع *ṣudāᶜ*	صِحَّة *ṣiḥḥah*	أَلَم *'alam*	جُرْح *ǧurḥ*

2 Nummerieren Sie den Dialog in der richtigen Reihenfolge.

____ أَنَا فِي صِحَّة جَيِّدَة. هَلْ عِنْدَكَ مَوْعِد عِنْدَ الطَّبِيب؟
'anā fī ṣiḥḥah ǧayyidah. hal ᶜinfdaka mawᶜid ᶜinda ṭ-ṭabīb?

____ أُحِسّ بِمَرَض شَدِيد.
'uḥiss bi-maraḍ šadīd.

____ نَعَم، عِنْدِي مَوْعِد الْيَوْم فِي الْمُسْتَشْفَى.
naᶜam, ᶜindī mawᶜid 'al-yawm fī l-mustašfā.

____ شُكْراً، وَأَنْتِ؟
šukran, wa 'anti?

1 كَيْف صِحَّتُك؟
kayfa ṣiḥḥātuka?

____ سَلامَات، سَلامَات.
salāmāt, salāmāt.

3 **Wie viele Wörter zu den Themen „Gesundheit“ und „Körperteile“ finden Sie (senkrecht oder waagerecht von rechts nach links)? Acht, neun oder zehn? Schreiben Sie die Wörter auf.**

أَ 'a	تَ ta	ع ᶜ	بَ ba	صْ ṣ	إِ 'i	لُ lu	ا ā	نِ ni	سَ sa
ة h	دَ da	عِ ᶜi	مَ ma	ر r	ت t	ة h	بَ ba	كْ k	رُ ru
لِ li	ز z	يُ yu	ب b	رَ ra	ا ā	خَ ḫa	نِ ni	م m	سُ su
دَ da	ا ā	جَ ǧa	نَ na	أْ '	فُ fu	كِ ki	ي ī	ثَ ṯa	بِ bi
وْ w	ظِ ẓi	خَ ḫa	ه h	س s	يَ ya	هُ hu	لِ li	ق q	ل l
خَ ḫa	ب b	عُ ᶜu	ظ ẓ	بَ ba	ثِ ṯi	غُ ġu	سَ sa	ثُ ṯu	قُ qu
ة h	طَ ṭa	ن n	ذُ ḏu	أُ 'u	غِ ġi	ث ṯ	ا ā	لِ li	ف f
بَ ba	كُ ku	غَ ġa	ك k	ؤَ 'a	و ū	صَ ṣa	ن n	ب b	لا lā
وِ wi	م m	و ū	كُ ku	زْ z	مَ ma	س s	بَ ba	يّ yy	يَ ya
ثُ ṯu	ب b	فُ fu	وِ wi	ح ḥ	هِ hi	طَ ṭa	ذ ḏ	ضُ ḍu	ش š
م m	دَ da	قَ qa	ت t	دُ du	ة h	لَ la	عْ ᶜ	سُ su	سَ sa

12 الطبيعة والبيئة
Natur und Umwelt

النباتات
Pflanzen

Baum	شَجَرَة (ج شَجَر) *šağarah* (pl. *šağar*)
Blatt	وَرَقَة (ج وَرَق) *waraqah* (pl. *waraq*)
Busch	شُجَيْرَة (ج شُجَيْرَات) *šuğayrah* (pl. *šuğayrāt*)
Pflanze	نَبْتَة (ج نَبَات) *nabtah* (pl. *nabāt*)
Blume	زَهْرَة (ج زُهُور) *zahrah* (pl. *zuhūr*)
Gras	عُشْب (ج أَعْشَاب) *ʿušb* (pl. *'aʿšāb*)

الحيوانات
Tiere

Haustier	حَيَوَان أَلِيف (ج حَيَوَانَات أَلِيفَة) *ḥayawān 'alīf* (pl. *ḥayawānāt 'alīfah*)
Hund	كَلْب (ج كِلَاب) *kalb* (pl. *kilāb*)
Katze	قِطَّة (ج قِطَط) *qiṭṭah* (pl. *qiṭaṭ*)
Pferd	حِصَان (ج أَحْصِنَة) *ḥiṣān* (pl. *'aḥṣinah*)

Kaninchen	أَرْنَب (ج أَرَانِب) *'arnab* (pl. *'arānib*)
Vogel	طَيْر (ج طُيُور) *ṭayr* (pl. *ṭuyūr*)
Maus	فَأْر (ج فِئْرَان) *fa'r* (pl. *fi'rān*)
Ratte	جُرْذ (ج جُرْذَان) *ǧurḏ* (pl. *ǧurḏān*)
Schwein	خِنْزِير (ج خَنَازِير) *ḫinzīr* (pl. *ḫanāzīr*)
Kuh	بَقَرَة (ج بَقَر) *baqarah* (pl. *baqar*)
Huhn	دَجَاجَة (ج دَجَاج) *dağāğah* (pl. *dağāğ*)
Hahn	دِيك (ج دُيُوك) *dīk* (pl. *duyūk*)
Gans	وَزَّة (ج وَزَّات) *wazzah* (pl. *wazzāt*)
Ente	بَطَّة (ج بَطّ) *baṭṭah* (pl. *baṭṭ*)
Schaf	خَرُوف (ج خِرْفَان) *ḫarūf* (pl. *ḫirfān*)
Ziege	مِعْزَاة (ج مَاعِز) *miᶜzāt* (pl. *māᶜiz*)
Schlange	ثُعْبَان (ج ثَعَابِين) *ṯuᶜbān* (pl. *ṯaᶜābīn*)
Biene	نَحْلَة (ج نَحْل) *naḥlah* (pl. *naḥl*)

Fliege	ذُبابة (ج ذُبَاب)	*ḏubābah* (pl. *ḏubāb*)
Mücke	نَامُوسَة (ج نَوَامِيس)	*nāmūsah* (pl. *nawāmīs*)
Spinne	عَنْكَبُوت (ج عَنَاكِب)	*ᶜankabūt* (pl. *ᶜanakib*)
Fisch	سَمَكَة (ج سَمَك)	*samakah* (pl. *samak*)

المناظر الطبيعية
Landschaftsformen

Natur	الطَّبِيعَة	*'a-ṭ-ṭabīᶜah*
Naturschutzgebiet	مَحْمِيَّة طَبِيعِيَّة (ج مَحْمِيَّات طَبِيعِيَّة)	*maḥmiyyah ṭabīᶜiyyah* (pl. *maḥmiyyāt ṭabīᶜiyyah*)
Hügel	تَلّ (ج تِلَال)	*tall* (pl. *tilāl*)
Berg	جَبَل (ج جِبَال)	*ǧabal* (pl. *ǧibāl*)
Gebirge	جِبَال	*ǧibāl*
Hang	مُنْحَدَر (ج مُنْحَدَرَات)	*munḥadar* (pl. *munḥadarāt*)
Felsen	صَخْرَة (ج صُخُور)	*ṣaḫrah* (pl. *ṣuḫūr*)
Tal	وَادِي (ج أَودِيَة)	*wadī* (ugs.) (pl. *'awdiyah*)

Schlucht	فَجّ (ج فِجَاج) *fağğ* (pl. *fiğāğ*)
Feld	حَقْل (ج حُقُول) *ḥaql* (pl. *ḥuqūl*)
Park	حَدِيقَة (ج حَدَائِق) *ḥadīqah* (pl. *ḥadā'iq*)
Wald	غَابَة (ج غَابَات) *ġābah* (pl. *ġābāt*)
Fluss	نَهْر (ج أَنْهَار) *nahr* (pl. *'anhār*)
Bach	جَدْوَل مَاء (ج جَدَاوِل مَاء) *ğadwal mā'* (pl. *ğadāwil mā'*)
See	بُحَيْرَة (ج بُحَيْرَات) *buḥayrah* (pl. *buḥayrāt*)
Meer	بَحْر (ج بُحُور) *baḥr* (pl. *buḥūr*)
Küste	سَاحِل (ج سَوَاحِل) *sāḥil* (pl. *sawāḥil*)
Wüste	صَحْرَاء (ج صَحَارِي) *ṣaḥrā'* (pl. *ṣaḥārī* (ugs.))
Vulkan	بُرْكَان (ج بَرَاكِين) *burkān* (pl. *barākīn*)

الطقس والمناخ
Wetter und Klima

Sonne	شَمْس (ج شُمُوس) *šams* (pl. *šumūs*)

Es ist sonnig.	الطّقس مُشْمِس.	*'a-ṭ-ṭaqs mušmis.*
Regen	مَطَر	*maṭār*
Hagel	بَرَد	*barad*
Schnee	ثَلْج (ج ثُلُوج)	*ṯalǧ* (pl. *ṯulūǧ*)
Es regnet/hagelt/schneit.	يُوجَد مَطَر \ بَرَد \ ثَلْج.	*yūǧad maṭar/barad/ṯalǧ.*
Nebel	ضَبَاب	*ḍabāb*
Wolke	سَحَابَة (ج سَحَاب)	*saḥābah* (pl. *saḥāb*)
Wärme	دِفْء	*dif'*
Kälte	بَرْد	*bard*
Wind	ريح (ج رِيَاح)	*rīḥ* (pl. *riyāḥ*)
Es ist neblig/bewölkt/windig.	يُوجَد ضَبَاب \ غُيُوم \ رِيح.	*yūǧad ḍabāb/ġuyūm/rīḥ.*
Orkan	إِعْصَار (ج أَعَاصِير)	*'iʿṣār* (pl. *'aʿāṣīr*)
Gewitter	عَاصِفَة رَعْدِيَّة (ج عَوَاصِف رَعْدِيَّة)	*ʿāṣifah raʿdiyyah* (pl. *ʿawāṣif raʿdiyyah*)
Blitz	بَرْق (ج بُرُوق)	*barq* (pl. *burūq*)

Donner	رَعْد (ج رُعُود) *raʿd* (pl. *ruʿūd*)
Erdbeben	زِلْزَال (ج زَلازِل) *zilzāl* (pl. *zalāzil*)
Trockenheit	جَفَاف *ǧafāf*
Hochwasser	فَيَضَان (ج فَيَضَانَات) *fayaḍān* (pl. *fayaḍānāt*)

1 **Wie viele arabische Wörter für Tiere fallen Ihnen ein? Schreiben Sie sie auf.**

a. Im Haus:

____

____

b. Im oder auf dem Wasser:

____

____

c. In der Luft:

____

____

d. Auf dem Bauernhof:

____

____

2 **Wie viele Landschaftsformen können Sie entdecken? Schreiben Sie sie auf.**

صَ خْ رَ ا ء جَ بَ ل حَ قْ ل غَ ا بَ ة نَ هْ ر بَ حْ ر سَ ا حِ ل وَ ا دِ ي

ṣ h ra ā ' ǧa ba l ḥa q l ġa ā ba h na h r ba ḥ r sa ā ḥi l wa ā di ī

____

____

____

____

Lösungen zu den Tests

1 العائلة والحياة الاجتماعية
Familie und soziales Leben

1

2

a. قَصِير
qaṣīr

b. نَحِيف
naḥīf

c. قَبِيحَة
qabīḥah

d. صَغِير
ṣaġīr

e. قَبِيح
qabīḥ

3

ka كَ	su سُ	'a اَ	na نَ	ṯi ثِ	fu فُ	ku كُ	ġa غَ	ṭu طُ	'a اَ
zi زِ	ḍa ضَ	l لْ	hu هُـ	ṣa صَ	qu قُ	ḏu ذُ	fi فِ	na نَ	l لْ
d د	ḥa حَ	'a أَ	l لْ	'a اَ	ki كِ	ᶜi عِ	ẓi ظِ	'u أُ	'i إِ
šu شُ	ā ا	r رْ	ṣa صَ	h ة	qa قَ	ṭu طُ	ḥu حُ	šu شُ	ṯ ثْ
ḏi ذِ	lā لاَ	bi بِ	ša شَ	zi زِ	ẓi ظِ	fi فِ	ā ا	lu لُ	na نَ
ṣi صِ	lu لُ	ᶜa عَ	fu فُ	t ت	b بْ	sa سَ	l لْ	'a اَ	y يْ
sa سَ	fa فُ	ā ا	ḍu ضُ	ṭi طِ	šu شُ	hu هُـ	su سُ	ᶜi عِ	n ن
nu نُ	ği جِ	' ء	ā ا	ṯa ثَ	ā ا	la لَ	ṯu ثُ	l لْ	'a اَ
h ة	ᶜa عَ	m م	ğu جُ	l لْ	'a ا	ā ا	na نَ	wi وَ	ġu غُ
h ة	ta تَ	si سِ	šu شُ	ka كَ	lu لُ	'u ءُ	wa وَ	zi زِ	na نَ
sa سَ	ā ى	ī ي	lu لُ	s س	ī ي	mi مِ	ḫa خَ	l لْ	'a اَ

الإِثْـنَـيْـن
'al-'iṯnayn

الـثُّـلاثَاء
'a-ṯ-ṯulāṯā'

الأَرْبِـعَـاء
'al-'arbiᶜā'

الْـخَـمِـيس
'al-ḫamīs

الْجُمْعَة
'al-ğumᶜah

السَّـبْـت
'a-s-sabt

الأَحَـــد
'al-'aḥad

2 السكن
Wohnen

1

a. سَرِير
sarīr

b. فُرْن
furn

c. طَاوِلة كِتَابَة
ṭāwilat kitābah

d. حَنَفِيَّة
ḥanafiyyah

e. كُرْسِيّ
kursiyy

2

a. التَّحَمُّم
'a-t-taḥammum

b. اللَّعِب
'al-laᶜib

c. النَّوْم
'a-n-nawm

d. الأَكْل
'al-'akl

e. الطَّبْخ
'a-ṭ-ṭabḫ

3

a. نَظَّف، يُنَظِّف
naẓẓaf, yunaẓẓif

b. غَسَل، يَغْسِل
ġasal, yaġsil

c. رَتَّب، يُرَتِّب
rattab, yurattib

d. قَرَأ، يَقْرَأ
qara', yaqra'

e. شَفَط، يَشْفِط
šafaṭ, yašfiṭ

f. سَقَى، يَسْقِي
saqā, yasqī

Lösungen

3 الملابس
Kleidung

1

a. فُسْتَان
fustān

b. قُبَّعَة
qubbaᶜah

c. حِزَام
ḥizām

d. شَال
šāl

2

حِذَاء، قُفَّاز، قَمِيص، حِزَام، فُسْتَان، خَاتَم
ḥiḏā', quffāz, qamīṣ, ḥizām, fustān, ḫātam

3

fa فَ	ṭu طُ	si سِ	yy يّ	nni نِّ	bu بُ	'a أَ	ša شَ
sa سَ	d د	wa وَ	s سْ	'a أَ	ku كُ	z زْ	nu نُ
ma مَ	'a أَ	hu هُـ	ṯu ثُ	ḥ حْ	ti تِ	ra رَ	ġi غِ
ā ا	b بْ	ᶜa عَ	ni نِ	ma مَ	ṭ طْ	q ق	qu قُ
wi وِ	ya يَ	'i ءِ	ka كَ	r ر	fa فَ	ṣ صْ	'a أَ
yy يّ	ḍ ض	fu فُ	'i إِ	ki كِ	š شْ	lu لُ	y يْ
ti تِ	ka كَ	yy يّ	di دِ	ā ا	ma مَ	ra رَ	'i إِ

أَزْرَق
'azraq

بُنِّيّ
bunniyy

أَحْمَر
'aḥmar

رَمَادِيّ
ramādiyy

أَصْفَر
'aṣfar

أَسْوَد
'aswad

سَمَاوِيّ
samāwiyy

أَبْيَض
'abyaḍ

4 التسوق
Einkaufen

1

a. 1
b. 1
c. 1
d. 2

2

a. خُبْز *ḫubz*

b. لَحْم دَجَاج *laḥm daǧāǧ*

c. نَبِيذ أَحْمَر *nabīḏ 'aḥmar*

d. مِنْدِيل *mindīl*

3

a.	7	٧
b.	14	١٤
c.	80	٨٠
d.	25	٢٥
e.	900	٩٠٠
f.	3000	٣٠٠٠

4

a. صَيْدَلِيَّة *ṣaydaliyyah*

b. مَلْحَمَة *malḥamah*

c. مَحَلّ مَشْرُوبَات *maḥall mašrūbāt*

d. مَحَلّ زُهُور *maḥall zuhūr*

e. مَخْبَز *maḫbaz*

5

5, 2, 7, 8, 4, 1, 6, 3

5 الدراسة والشغل
Schule und Beruf

Lösungen

1

a. طُــلاَّب
ṭullāb

b. رَوَاتِــب
rawātib

c. مَكَاتِــب
makātib

d. أَطِــبَّــاء
'aṭibbā'

2

a. مَــحَــلّ
maḥall

b. مُــسْــتَــشْــفَى
mustašfā

c. مَــحْكَمَة
maḥkamah

d. شَــرِكَة صِــنَاعِــيَّة
šarikah ṣinā[c]iyyah

e. مَكْتَــب
maktab

f. مَــخْــبَــز
maẖbaz

3

بِ bi	مُ mu	جُ ğu	ا ā	خِ ḫi	ب b	ي ī	بِ bi	طَ ṭa	اَ 'a
سَ sa	حَ ḥa	ثُ tu	حَ ḥa	غَ ġa	دَ da	بِ bi	بَ ba	تُ tu	ثُ ṯu
ق q	ا ā	لَّ lla	حَ ḥa	ح ḥ	مُ mu	سُ su	يَّ yya	زِ zi	حَ ḥa
خُّ ḫḫu	سِ si	فُ fu	هـُ hu	مُ mu	خْ ḫ	كَ ka	ا ā	غْ ġ	دِ di
طِ ṭi	ب b	جِ ği	ل l	ثِّ ṯṯi	مَ ma	مُ mu	ع ^{c}	قَ qa	صْ ṣ
ة h	ضَ ḍa	رِّ rri	مَ ma	مُ mu	مُ mu	هَ ha	سَ sa	طّ ṭṭ	نُ nu
كَ ka	زْ z	مُ mu	تِ ti	وَ wa	عَ ^{c}a	نْ n	كِ ki	فْ f	جَ ğa
تُ tu	صِ ṣi	ا ā	خُ ḫu	ظَّ ẓẓa	لِّ lli	دِ di	غُ ġu	سِ si	صْ ṣ
فِ fi	ج ğ	ظَ ẓa	نّ nn	ف f	م m	س s	هْ h	ا ā	بُ bu
دَ da	غُ ġu	بُ bu	ع c	وِ wi	نُ nu	دُ du	زْ z	لْ l	ظَ ẓa
ا ā	سِ si	قِ qi	ثْ ṯ	مُ mu	ر r	ا ā	زَّ zza	جَ ğa	جْ ğ

طَبِيب
ṭabīb

مُعَلِّم
mu^{c}allim

مُمَرِّضَة
mumarriḍah

بَيَّاع
bayyā^{c}

مُوَظَّف
muwaẓẓāf

جَزَّار
ğazzār

مُهَنْدِس
muhandis

مُحَاسِب
muḥāsib

مُمَثِّل
mumaṯṯil

حَلاَّق
ḥallāq

6 التواصل
Kommunikation

1

a.		ة *h*	دَ *da*	ي *ī*	رِ *ri*	جَ *ǧa*			
b.	ب *b*	ي *ī*	س *s*	ا *ā*	وَ *wa*	حَ *ḥa*			
c.				ب *b*	ا *ā*	تَ *ta*	كِ *ki*		
d.	ت *t*	ا *ā*	ن *n*	ا *ā*	يَ *ya*	بَ *ba*			
e.					ة *h*	لَ *la*	ا *ā*	سَ *sa*	رِ *ri*

a. جَرِيدَة
ǧarīdah

b. حَوَاسِيب
ḥawāsīb

c. كِتَاب
kitāb

d. بَيَانَات
bayānāt

e. رِسَالَة
risālah

Lösungswort:

رِوَايَة
riwāyah

2

3, 2, 5, 7, 1, 6, 4

3

فِي الإِنْــتَــرْنِت: *fī l-'intarnet:*	اِشْتَرَك *'ištarak*	تَصَفَّح *taṣaffaḥ*		
الْمِلَف: *'al-milaff:*	نَسَخ *nasaẖ*	حَذَف *ḥaḏaf*	نَقَل *naqal*	حَمَّل *ḥammal*
الْحَاسُوب: *'al-ḥāsūb:*	أَغْلَق *aġlaq*	شَغَّل *šaġġal*		
رَقْم الْهَاتِف: *raqma l-hātif:*	دقّ *daqq*			

7 وقت الفراغ
Freizeit

1

a. صُورَة
ṣūrah

b. لُعْبَة فِيدْيو
luᶜbat fīdyō

c. عِيد مِيلاد
ᶜīd mīlād

d. هَدِيَّة
hadiyyah

2

a. مضيفة (Nr. 1)

b. متحف (Nr. 3)

c. بــحيــرة (Nr. 3)

d. معرض (Nr. 4)

3

Sport:

كُرَة طَاوِلة *kurat ṭāwilah*	دَرَّاجَة *darrāğah*	كُرَة قَدَم *kurat qadam*	حِذَاء تَزَلُّج *ḥiḏā' tazalluğ*
تَمْرِين رِيَاضَة *tamrīn riyāḍah*	الرَّكْض *'a-r-rakḍ*	التَّجْدِيف *'a-t-tağdīf*	مَحَلّ رِيَاضَة *maḥall riyāḍah*

Erholungsurlaub:

جَوْلَة *ğawlah*	رِحْلَة *riḥlah*	القِرَاءَة *'al-qirā'ah*	شَاطِئ *šāṭi'*
السَّفَر *'a-s-safar*	تِلِفِزْيُون *telefizyōn*	رِوَايَة *riwāyah*	التَّشَمُّس *'a-t-tašammus*
مَتْحَف *matḥaf*	مُوسِيقَى *mūsīqā*		

8 المطعم
Restaurant

1

a. فطور

b. عشاء

c. غداء

d. شربة

2

6, 4, 8, 1, 7, 2, 3, 5

3

حُمُّص *ḥummuṣ*	سَلَطَة *salaṭah*	شُرْبَة *šurbah*	مُقَبِّلات: *muqabbilāt:*	
رُزّ *ruzz*	بَطَاطَا مَقْلِيَّة *baṭāṭā maqliyyah*	سَمَك مَشْوِيّ *samak mašwiyy*	وَجْبَة رَئِيسِيَّة: *wağbah ra'īsiyyah:*	
		لَحْم *laḥm*	دَجَاج *dağāğ*	
بُوظَة *būẓah*	سَلَطَة فَوَاكِه *salaṭat fawākih*	مُحَلَّبِيَّة *muḥallabiyyah*	حَلَوِيَّات: *ḥalawiyyāt:*	
قَهْوَة *qahwah*	عَصِير بُرْتُقَال *ʿaṣīr burtuqāl*	كُوكَا كُولا *kōkā kōlā*	مَاء مَعْدِنِيّ *mā' maʿdiniyy*	مَشْرُوبَات: *mašrūbāt:*

9 الفندق
Hotel

1

a. خَــيْـــمَة
ḫaymah

b. بَيْت لِلشَّــبَاب
bayt li-š-šabāb

c. فُنْدُق لِلْعَائِلات
funduq li-l-ᶜā'ilāt

d. فُنْدُق خَــمْسَة نُــجُوم
fuduq ḫamsat nuǧūm

2

a. سيارات

b. غرفة هادئة

c. الاســتقبال

d. فنادق

3

a. أُحِبّ أَنْ أَحْجِز غُرْفَة لِشَخْصَــيْــن.
'uḥib 'an 'aḥǧiz ġurfah li-šaḫṣayn.

b. بِكَم اللَّيْلَة؟
bi-kami l-laylah?

c. هَلِ الْغُرْفَة هَادِئَة؟
hali l-ġurfah hādi'ah?

d. هَلْ يُوجَد صَالَة رِيَاضَة؟
hal yūǧad ṣālat riyāḍah?

e. مَــتَى الْــفُطُور؟
matā l-fuṭūr?

f. سَنُسَافِر غَدَاً السَّاعَة السَّادِسَة فِــي الصَّبَاح.
sa-nusāfir ġadan 'a-s-sāᶜah s-sādisah fī ṣ-ṣabāḥ.

10 السفر والـمواصلات
Reise und Verkehr

1

a.				ة h	مَ ma	حْ ḥ	زَ za		
b.	ة h	لَ la	فِ fi	ا ā	حَ ḥa				
c.	ة h	يَّ yya	رِ ri	ا ā	طَّ ṭṭa	بَ ba			
d.					ة h	رَ ra	كِ ki	ذْ ḏ	تَ ta

e.				ف f	قِ qi	وْ w	مَ ma	
f.	ة h	رَ ra	ا ā	يَّ yya	طَ ṭa			
g.			ة h	رَ ra	ا ā	يَّ yya	سَ sa	
h.					ر r	ا ā	طَ ṭa	مَ ma

Lösungswort:

مَـحَطَّة قِطَار

maḥaṭṭah + qiṭār = maḥaṭṭat qiṭār

a. زَحْـمَة
zaḥmah

b. حَافِلَة
ḥāfilah

c. بَطَّارِيَّة
baṭṭāriyyah

d. تَذْكِرَة
taḏkirah

e. مَوْقِف
mawqif

f. طَيَّارَة
ṭayyārah

g. سَيَّارَة
sayyārah

h. مَطَار
maṭār

2

a. قِطَار
qiṭār

b. طَيَّارة
ṭayyārah

c. مَدْخَل
madḫal

d. مَوْقِف سَيَّارَات
mawqif sayyārāt

e. سَيَّارَة
sayyārah

3

مَــحَطَّة قِطَار:
maḥaṭat qiṭār:

قِطَار	رَصِيف	مَقْطُورَة أَكْل	مَقْطُورَة نَوْم
qiṭār	*raṣīf*	*maqṭūrat 'akl*	*maqṭūrat nawm*

مَطَار:
maṭār:

طَيَّارَة	الْــمُغَادَرَة	تَفْتِيش أَمْنِــيّ
ṭayyārah	*'al-muġādarah*	*taftīš 'amniyy*

شَارِع:
šāri^c:

إِشَارَة مُرُور	مَوْقِف سَــيَّارَات	لَوْحَة مُرُور	تَقَاطُع
'išārat murūr	*mawqif sayyārāt*	*lawḥat murūr*	*taqāṭu^c*

11 الــصــحــة
Gesundheit

1

a. كُلْيَة
kulyah

b. رُكْبَة
rukbah

c. قَدَم
qadam

d. صِحَّة
ṣiḥḥah

2

5, 2, 6, 4, 1, 3

3

أَ 'a	تَ ta	ع ^{c}	بَ ba	صْ ṣ	إِ 'i	لُ lu	ا ā	نِ ni	سَ sa
ة h	دَ da	عِ ^{c}i	مَ ma	ر r	ت t	ة h	بَ ba	كْ k	رُ ru
لِ li	ز z	يُ yu	ب b	رَ ra	ا ā	خَ ḫa	نِ ni	م m	سُ su
دَ da	ا ā	جَ ǧa	نَ na	أْ '	فُ fu	كِ ki	ي ī	ثَ ṯa	بِ bi
وْ w	ظِ ẓi	خَ ḫa	ه h	س s	يَ ya	هُ hu	لِ li	ق q	ل l
خَ ḫa	ب b	عُ ^{c}u	ظ ẓ	بَ ba	ثِ ṯi	غُ ġu	سَ sa	ثُ ṯu	قُ qu
ة h	طَ ṭa	ن n	ذُ ḏu	أُ 'u	غِ ġi	ث ṯ	ا ā	لِ li	ف f
بَ ba	كُ ku	غَ ġa	ك k	ؤَ 'a	و ū	صَ ṣa	ن n	ب b	لا lā
وِ wi	م m	و ū	كُ ku	زْ z	مَ ma	س s	بَ ba	يّ yy	يَ ya
ثُ ṯu	ب b	فُ fu	وِ wi	ح ḥ	هِ hi	طَ ṭa	ذ ḏ	ضُ ḍu	ش š
م m	دَ da	قَ qa	ت t	دُ du	ة h	لَ la	عْ ^{c}	سُ su	سَ sa

رُكْـبَـة
rukbah

مَزْكُوم
mazkūm

لِسَان
lisān

قَدَم
qadam

مَعِدة
ma^{c}idah

سُعْلَة
su^{c}lah

رَأْس
ra's

أُذُن
'uḏun

إِصْبَع
'iṣba^c

دَوْخَة
dawḫah

12 الطبيعة والبيئة
Natur und Umwelt

1 **(mögliche Lösungen)**

a.	كَلْب	قِطَّة				
	kalb	*qiṭṭah*				
b.	سَمَكَة	بَطَّة				
	samakah	*baṭṭah*				
c.	طَيْر	نَحْلَة	ذُبابة	نَامُوسَة		
	ṭayr	*naḥlah*	*ḏubābah*	*nāmūsah*		
d.	بَقَرَة	دَجَاجَة	دِيك	وَزَّة	بَطَّة	خَرُوف
	baqarah	*dağāğah*	*dīk*	*wazzah*	*baṭṭah*	*ẖarūf*
	مِعْزَاة	حِصَان	خِنْزِير			
	mi^{c}zāt	*ḥiṣān*	*hinzīr*			

2

صَحْرَاء	جَبَل	حَقْل	غَابَة
ṣaḥrā'	*ğabal*	*ḥaql*	*ġābah*
نَهْر	بَحْر	سَاحِل	وَادِي
nahr	*baḥr*	*sāḥil*	*wādī* (ugs.)